BIBLIOTHÈQUE CONTEMPORAINE

PAUL DESCHANEL

DÉPUTÉ

ORATEUR

ET

HOMMES D'ÉTAT

FRÉDÉRIC II ET M. DE BISMARCK
FOX ET PITT — LORD GREY — TALLEYRAND
BERRYER — GLADSTONE

PARIS
CALMANN LÉVY, ÉDITEUR
RUE AUBER 3, ET BOULEVARD DES ITALIENS, 15
A LA LIBRAIRIE NOUVELLE
1888

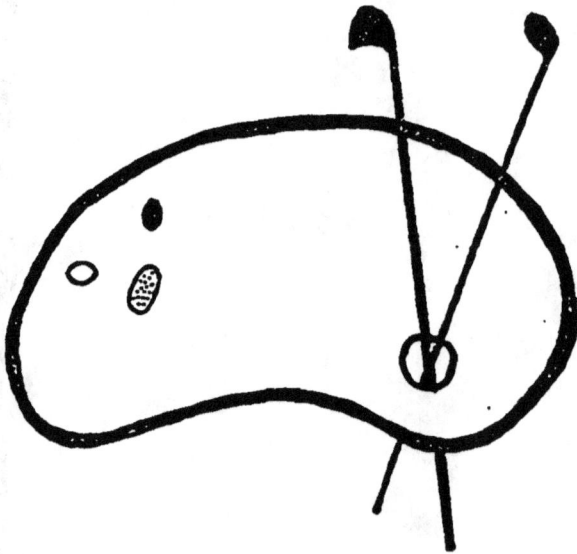

DEBUT D'UNE SERIE DE DOCUMENTS
EN COULEUR

ORATEURS

ET

HOMMES D'ÉTAT

DU MÊME AUTEUR

IMPRIMERIE CHAIX. 20, RUE BERGERE, PARIS. — 16618-7.

ORATEURS

ET

HOMMES D'ÉTAT

PAR

PAUL DESCHANEL

DÉPUTÉ

FRÉDÉRIC II ET M. DE BISMARCK
FOX ET PITT, LORD GREY — TALLEYRAND
BERRYER — M. GLADSTONE

C · L

PARIS

CALMANN LÉVY, ÉDITEUR

ANCIENNE MAISON MICHEL LÉVY FRÈRES

3, RUE AUBER, 3

1888

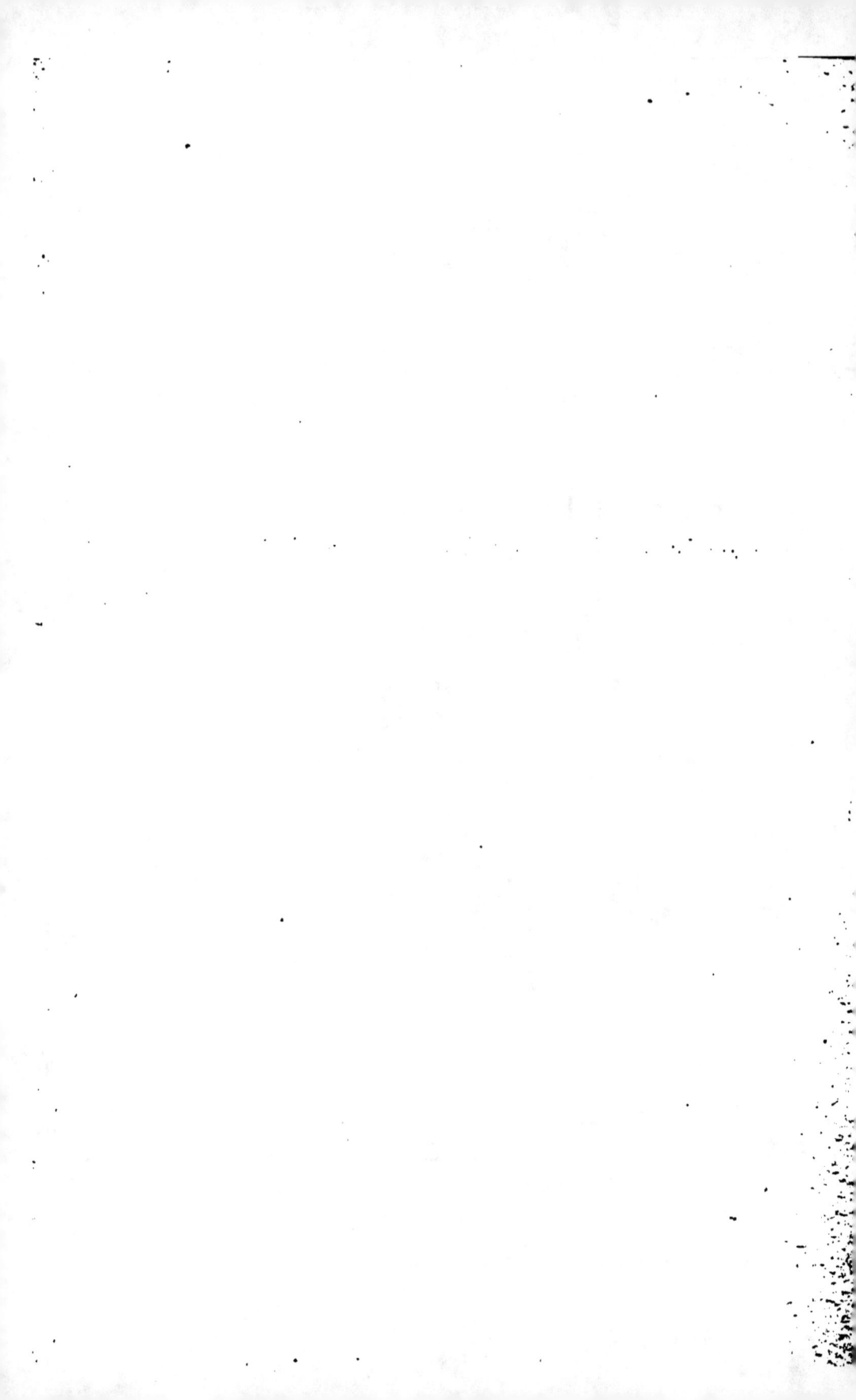

Ce sont ici, non des biographies, mais des discussions à propos de quelques points d'histoire sur lesquels de récents ouvrages ont porté plus de lumière et rouvert la controverse.

Ce ne sont pas non plus des études de pure curiosité : nous avons, en effet, à débattre ces questions, un intérêt plus pressant, plus direct, que celui de l'exactitude historique; il nous importe infiniment, pour la bonne conduite de nos affaires, de bien juger, par exemple, nos premiers conflits avec la Prusse, nos dernières luttes avec l'Angleterre, la formation de l'Europe contemporaine, les vicissitudes du gouvernement parlementaire, les progrès de la démocratie chez nos voisins.

En parlant avec impartialité de grands adversaires de notre pays, Frédéric II, le second Pitt, M. de Bismarck, on risque de froisser certaines susceptibilités respectables : lorsque ces études ont paru pour la première fois dans le *Journal des Débats* [1], quelques personnes y ont cru voir un manque de patriotisme. A Dieu ne plaise qu'un tel reproche soit fondé! Ce sont les préjugés français, ce sont nos persistantes illusions, notre ignorance de l'étranger, notre inaptitude à entrer dans l'esprit des autres, qui nous ont perdus. Sans doute, la vérité est parfois dure à entendre, plus dure encore à écrire; mais, si elle blesse nos sentiments, elle accroît notre expérience, et,

---

1. Elles ne sont pas la reproduction pure et simple de nos articles : nous avions dû retrancher de nombreux passages, qui excédaient les dimensions du journal

par là, elle sert nos intérêts; si un certain
patriotisme peut en souffrir, un patriotisme plus haut nous dit que la France
peut en profiter.

ORATEURS & HOMMES D'ÉTAT

FRÉDÉRIC II ET M. DE BISMARCK[1]

Mars 1883.

I

Nous n'avons point dessein de présenter ici une analyse du beau livre de M. le duc de Broglie : l'originalité du récit est surtout dans le détail, et ce serait en ôter l'intérêt que de le résumer. Il faut le lire : nous n'étudierons jamais d'assez près les origines et les progrès de la grandeur prussienne, les procédés diplomatiques et militaires du grand roi qui est demeuré le modèle des hommes d'État et des hommes de guerre allemands. Inutile de vouloir comprendre l'Europe moderne si l'on ne possède à fond l'Europe

[1] (*Frédéric II et Marie-Thérèse, 1740-1742*, par le duc de Broglie. 2 vol. in-8°, 1883, chez Calmann Lévy.)

1

du dix-huitième siècle, les règnes de Frédéric II
et de Marie-Thérèse, les ministères de Fleury et
de Choiseul : c'est là qu'on démêle les causes
multiples de nos échecs, échecs que nos adversaires, pour être justes, doivent attribuer à notre
impéritie autant qu'à leur habileté. Si une telle
histoire a de quoi attrister notre patriotisme, elle
n'est point faite pour nous ôter le courage et
l'espérance; car elle prouve que les fautes de nos
gouvernants ont presque toujours été de moitié
dans le succès de nos ennemis. Oui, c'est bien
Louis XV qui, au siècle dernier, fut, avec Frédéric,
le principal instrument de la puissance prussienne,
comme de nos jours, Napoléon III fut, avec
MM. de Bismarck et de Moltke, le principal ou-
vrier de l'unité allemande. Entre les deux époques, la ressemblance est frappante; c'est le
même drame, joué par les mêmes acteurs, presque sur le même théâtre. La Prusse envahit la
Silésie en 1740, comme en 1866 elle envahit la
Bohême; et, en l'un et l'autre cas, la France,
pour son malheur, se trouve aussitôt engagée
dans le conflit.

Ces rapprochements avaient naturellement
sauté aux yeux de l'auteur; mais il a eu la sagesse de les écarter, sinon de son esprit, au
moins de son livre; il a entendu traiter les

faits en eux-mêmes, sans allusion à la politique contemporaine; il s'est renfermé scrupuleusement dans cette période si courte, mais si remplie, de janvier 1740 à juin 1742. Voilà, grâce à lui, cette première campagne de Frédéric éclairée d'une vive lumière : on suit le jeune souverain pas à pas, dans les camps, sous la tente, combattant à la fois de l'épée et de la plume : on saisit tous les fils entre-croisés de sa politique; on voit tous les dessous de cartes, et son double jeu. Nos écrivains du siècle dernier n'auraient pu aller ainsi au fond des choses. D'abord, ils étaient trop près pour voir toujours juste, trop militants et trop passionnés pour être équitables : leurs écrits, tout chauds de la bataille philosophique, sentent la poudre. Et puis, ils ne disposaient pas de nos puissants instruments d'investigation; ne pouvant remonter aux sources, ils devaient se contenter de retracer en gros le cours des événements. Il en est des œuvres historiques de nos pères comme de leurs cartes de géographie; comparées aux nôtres, elles paraissent incomplètes et quelque peu naïves. D'ailleurs, tous les genres de littérature étaient soumis aux mêmes règles arbitraires : qu'il s'agit de fiction ou de réalité, de théâtre ou de politique, on s'ingéniait à condenser les faits, à simplifier l'action. Veut-on se rendre compte du procédé et voir par un exemple frappant la différence entre l'ancienne méthode et la nouvelle ? Qu'on relise dans le *Précis du siècle de Louis XV* de Voltaire, puis dans l'ouvrage de M. de Broglie, l'épisode célèbre du couronnement de Marie-Thérèse et de la réunion de la Diète hongroise à Presbourg, alors que la jeune impératrice, obligée de fuir devant les troupes françaises alliées de Frédéric, provoque, par son énergie virile, un soulèvement national contre l'invasion. Voltaire en a résumé les diverses péripéties dans une demi-page très habilement faite, qui est restée gravée dans toutes les mémoires et a été souvent reproduite : au point de vue de l'art, comme composition de style, comme arrangement et comme « raccourci », c'est fort séduisant ; c'est le principe des unités, le procédé d'abstraction transporté de la tragédie à l'histoire. Mais, si vous tenez avant tout à la vérité, lisez le chapitre de M. de Broglie sur le même sujet : vous y trouverez la nature humaine avec tous ses contrastes, la faiblesse mêlée à la grandeur, les alternatives d'ombre et de lumière. Pour nous, notre choix est fait : l'école historique de notre temps nous paraît aussi supérieure à nos plus grands historiens du dix-hui-

tième siècle, que le théâtre de Shakspeare nous
paraît supérieur à celui de Racine. Nos modernes
historiens, s'ils n'ont pas plus d'art ni de talent,
s'attaquent à la réalité et fouillent la chair vive
de l'homme. C'est ce que le duc de Broglie a
fait pour Frédéric, pour Marie-Thérèse, pour
Fleury, pour Belle-Isle : il a puisé aux sources
les plus authentiques : il a comparé aux publi-
cations françaises et allemandes les papiers
d'État, les rapports des agents diplomatiques et
militaires, les correspondances, les mémoires;
et cela avec une telle adresse, une telle sûreté
de main, que, pour l'exposé des faits, son récit
peut être considéré comme définitif.

Je dis : au point de vue des faits, parce que
les réflexions personnelles, les jugements qui les
accompagnent pourraient quelquefois donner
matière à discussion. Ainsi je me demande si
M. de Broglie n'a pas été trop rigoureux envers
Frédéric; si, préoccupé de réagir contre les
louanges prodiguées jusqu'ici à l'un des fonda-
teurs de la puissance prussienne, irrité de voir
les écrivains français eux-mêmes servir de leur
talent les desseins et la renommée de ce grand
ennemi de notre pays, il ne s'est pas jeté, pour
rétablir la balance, dans l'autre extrême. Non
que ce qu'il avance soit en contradiction avec la

vérité, mais ce n'en est qu'un des aspects, et le
plus fâcheux; qui ne connaîtrait Frédéric que
par M. de Broglie en aurait, à mon sens, une
idée, non pas inexacte, mais incomplète, comme
celui qui n'aurait lu que M. Droysen. Il serait
sage d'écouter successivement les deux parties
et de mettre en regard les éloges systématiques
de l'écrivain allemand et les critiques sévères de
l'historien français. L'un ne montre que l'endroit et l'autre que l'envers du personnage; est-
il donc impossible de tout voir en même temps,
qualités et défauts, beautés et laideurs? Nous ne
demandons pas mieux que de toucher du doigt
les trous et les taches de la guenille humaine;
nous serions même fâché qu'on nous les dissi-
mulât; mais nous voudrions admirer aussi tout
à notre aise l'étoffe solide et rare!

Il y a entre Frédéric et son nouvel historien
toute la distance qui sépare un Prussien de
1740 d'un Français de 1883, un libre penseur
d'un croyant, un monarque absolu d'un orateur
parlementaire, un homme d'épée d'un homme
de plume. M. de Broglie a-t-il essayé de diminuer cette distance, de se rapprocher de son
héros? On sent bien qu'il le déteste, il ne le
cache pas; on dirait même qu'il le méprise. Il
applique à la politique prussienne de 1740 les

maximes de morale et de droit public qui forment ce qu'on peut nommer la conscience de la société moderne, issue de la Révolution française: et c'est au nom de ces maximes, aujourd'hui encore plus souvent invoquées que respectées, qu'il flétrit — fort éloquemment du reste — celui qui fut à la fois le Richelieu et le Turenne de la Prusse. Cette façon d'envisager l'Allemagne du dix-huitième siècle ne vous paraît-elle pas un peu absolue?

Diderot disait, en parlant de Frédéric, qui jouait très bien de la flûte: « C'est grand dommage que l'embouchure de cette belle flûte soit gâtée par quelques grains de sable de Brandebourg! » Eh bien, au moral, M. de Broglie a soigneusement recueilli tous les grains de sable; quant à la belle flûte, il la faut chercher ailleurs.

Surtout, on sent qu'il en veut à son héros d'avoir été le principal auteur de la grande transformation du monde germanique; il en parle avec le ressentiment du patriotisme ulcéré. Cette passion fait honneur à son caractère, mais elle peut nuire à son impartialité: quelques efforts qu'il fasse pour demeurer calme, il nous paraît moins désintéressé que pénétrant, moins équitable que sagace. On voit, sous l'historien

percer l'homme, et même l'orateur et le politique ;
telle de ses pages a les allures d'un discours.
Nous sommes loin de nous en plaindre : Cicéron
ne disait-il pas de l'histoire que c'est œuvre
d'orateur? Tite-Live n'a-t-il pas fait souvent le
panégyrique de la république romaine. et Tacite.
le procès de l'empire? Le duc de Broglie, lui,
fait le procès de la Prusse dans la personne de
son plus grand homme : il a consulté tous les
témoins à charge, réuni toutes les pièces à con-
viction, instruit à fond cette vilaine affaire de
Silésie, et le voilà qui traduit l'accusé à la barre
de la justice et de l'humanité. qui le convainc de
fraude et de parjure; il n'admet aucune circonstance atténuante : il faut absolument qu'il
obtienne une condamnation. On dirait que le
vieux maréchal de Broglie. victime de l'abandon
de Frédéric. a légué ses pouvoirs à son arrière-
neveu.

La critique, elle, n'est point obligée d'opter
entre les éloges enthousiastes d'un Droysen et
les rigueurs impitoyables d'un Broglie : elle
s'occupe, non d'accuser. ni d'excuser, mais seulement d'expliquer; elle doit voir le pour et le
contre, sans rien diminuer ni rien surfaire. Pour
représenter une physionomie complète, elle as-
semble les contraires sous un même point de

vue, et fait le tour de l'homme. Peut-être, en
effet, apologistes et détracteurs de Frédéric ont-
ils raison, chacun pour sa part et dans sa mesure;
mais n'embrassent-ils la vérité tout entière que
réunis? C'eût été, croyons-nous, l'avis de Frédéric
lui-même, qui, dans ses *Mémoires*, a parlé de
lui avec la noble franchise d'un grand esprit,
reconnaissant ses fautes, ses torts, ne cherchant
jamais à se faire valoir ni à rabaisser ses rivaux,
s'estimant enfin à sa juste valeur; mais aussi il
pensait qu'il faut en définitive juger les grands
hommes sans s'arrêter aux détails, et en s'élevant
jusqu'au point qui domine en eux les contradic-
tions et les travers.

Le critique doit donc se dépouiller de ses préventions, de ses partis pris, de son humeur, pour
se prêter aux autres et se placer dans le milieu
où ils ont vécu. Frédéric s'est comparé aux
vignes « qui se ressentent toujours du terroir où
elles sont plantées ». Plaçons-nous d'abord nous-
mêmes sur ce terroir; oublions pour un moment,
s'il se peut, la gloire du grand Frédéric, la
Prusse telle qu'il l'a laissée, l'Allemagne telle
qu'elle est aujourd'hui, nos revers et nos douleurs: essayons de nous figurer ce jeune homme
de vingt-huit ans à la date où il monta sur le
trône, son caractère, son état d'esprit, ses des-

1.

seins, la manière dont il devait envisager son propre pays et l'Europe, et nous verrons en quoi on ne saurait partager l'extrême rigueur de M. de Broglie.

II

Il y a dans la correspondance de Frédéric un mot qui donne la clef de sa nature et de sa vie : « Il faut, dit-il, prendre l'esprit de son état. » En effet, c'est par un continuel effort de volonté, par un persévérant travail sur lui-même qu'il est parvenu à exercer glorieusement ce métier de conducteur de peuples, l'un des plus durs et des plus nobles que puisse ambitionner une haute intelligence. Il n'est pas apparu dans le monde avec l'étoile au front ; il a dû conquérir son propre génie, en quelque sorte, pièce à pièce. Ce génie et cette gloire se sont fondus et trempés laborieusement au feu de forge d'une volonté ardente et sous les coups de la fortune. Il n'est point un

César, un fils de Vénus; il n'en a pas les dons heureux et divers, la grâce, le rayon sacré. Il n'est pas davantage de la race des Bonaparte, et je n'imagine pas qu'il eût voulu en être: car le César français est gigantesque, démesuré; il y a disproportion et manque d'équilibre chez cet être prodigieux entre le capitaine et l'homme d'État : « Napoléon, a dit M. Thiers, fait la guerre avec son génie, et la politique avec ses passions. » Frédéric, lui, fait l'une et l'autre avec sa raison; il ne se laisse jamais enivrer par la fortune. Napoléon est un joueur, qui fait la guerre pour la guerre; aux yeux du roi prussien, elle n'est que l'instrument de l'idée politique; il porte son Talleyrand en lui-même. Aussi, tandis que le génie de l'un brise son cadre et le fait voler en éclats, l'intelligence supérieure de l'autre élargit le sien en l'affermissant. C'est toujours la logique qui le gouverne, et l'on peut appliquer à sa vie la parole de Bossuet : « Le bon sens, qui est le maître de la vie humaine », y règne partout.

Ah! combien nous préférons ces grands hommes raisonnables, qui savent borner leur champ d'action et rester maîtres des situations qu'ils ont d'avance réglées, qui se plient d'abord aux hommes et aux choses pour les faire plier ensuite, qui entrent dans leur temps pour le mieux remuer

et conduire, qui gardent ce qu'ils ont pris parce
qu'ils ne prennent pas plus que ce qu'ils peuvent
garder, combien nous préférons ces esprits bien
trempés, souples, fins, un Richelieu, un Frédéric,
un Cavour, aux demi-dieux, aux puissances fa-
tales et trop souvent aveugles qui, par leurs bonds
impétueux et leurs aventures insensées, faussent
tous les ressorts de la politique : météores éclatants
qui s'élancent au delà des orbites connues, et qui
ne laissent après eux qu'une longue traînée de
sang, de deuil et de ruines !

Si leur action est moins vive, elle est plus durable : s'ils éblouissent moins les hommes, ils les
servent davantage : esprits pratiques avant tout,
même quand ils jettent leur patrie en enjeu sur
les champs de bataille. Les demi-dieux sont sté-
riles et n'ont point d'héritiers : plus leur œuvre
personnelle a été grandiose, plus elle est éphémère : la dictature, même quand elle paraît légi-
timée dans le présent par l'abaissement d'un
peuple et par le génie d'un homme, ne fonde rien
pour l'avenir. Napoléon, parce qu'il est Napoléon,
pense d'abord à lui-même : c'est dans la nature
des choses ; Frédéric pense d'abord à son pays.
Enfin, n'est-il pas vrai qu'il faut à un Alexandre,
à un César, à un Bonaparte certaines circonstances
favorables, certaine disposition particulière des

esprits pour que leur merveilleuse destinée s'accomplisse? Leur étoile, en d'autres temps, n'eût point percé le nuage; il y a, dans ces épopées fabuleuses, toutes sortes de conditions de succès étrangères au génie du héros. Or, cela est vrai de Frédéric moins que de tout autre : connaissez-vous beaucoup d'époques dans l'histoire où il n'eût pas été utile au pays qui l'eût vu naître, en paix ou en guerre, dans un siècle de civilisation ou aux âges de barbarie, chez une nation forte ou chez un peuple faible, au milieu de savants, de philosophes et d'artistes, ou dans les camps et parmi les soldats? C'est par là, par cette souplesse, par cette mesure, par cette variété d'aptitudes, qu'il est vraiment original; c'est par là qu'il nous attache. Carlyle l'admire parce qu'il considère la supériorité de l'homme fort, le droit du héros comme la vérité absolue en matière de gouvernement; nous, qui repoussons ces théories funestes et qui redoutons par-dessus tout ce qu'on appelle « l'homme providentiel », nous l'admirons précisément parce qu'il n'en est pas un, parce qu'il n'a rien du demi-dieu, parce qu'il est un homme comme nous, et qu'il peut être un modèle à quiconque veut servir son pays. Il est le héros du travail et de la raison; oui, il est vraiment un homme, et un grand homme; il est le chef d'État par excellence : et voilà pourquoi, malgré tout, et malgré le livre si remarquable de M. de Broglie, nous ne pouvons lui refuser notre admiration.

Un jour, alors qu'il n'était encore que prince royal, Voltaire avait essayé de le flatter, comme d'habitude, en lui écrivant qu'il savait mieux le français que Louis XIV : « Louis XIV, riposta le jeune homme, était un prince grand par une infinité d'endroits ; je ne suis grand par rien. *Il n'y a que mon application qui pourra peut-être un jour me rendre utile à ma patrie, et c'est là toute la gloire que j'ambitionne.* » En effet, politique, capitaine ou écrivain, c'est par l'application et le travail qu'il arrive à se former peu à peu. Dans ses négociations, dans ses batailles, dans ses écrits, on suit ses essais, ses études, ses progrès, jusqu'au jour où, en tous les genres, il parvient lentement à la maîtrise.

S'agit-il de l'écrivain ? Voyez ses premières lettres : elles sentent la grossièreté native du Goth, du Vandale ; mais « il s'applique », et voilà que sa langue se polit, s'affine ; et la force de l'idée forge le style, comme une bonne lame où restent à peine çà et là quelques taches de rouille.

S'agit-il du guerrier ? Lui qui passera tant d'années dans les combats et qui renouvellera de

fond en comble la stratégie, il a l'horreur innée
du métier des armes : prince royal, il a tenté de
s'enfuir pour échapper à la rude discipline des
camps; il a été arrêté comme déserteur, traduit
devant une Cour martiale, condamné à mort à
dix-huit ans par ordre du roi son père, et n'a
dû son salut qu'à l'intervention de l'empereur.
Devenu roi, pour son coup d'essai, il perd sa
première bataille à Molwitz, et se sauve dans un
moulin. Il faut que le maréchal Schwerin, son
lieutenant, rétablisse l'affaire et ramène le jeune
fugitif au milieu de son armée, qui a fini par
vaincre sans lui. Voilà son début comme capitaine; voilà sa campagne d'Italie. Et, même plus
tard, lorsque, dans la guerre de Sept ans, il tiendra tête à l'Europe coalisée, avec une constance,
un courage, une énergie vraiment héroïques, lorsqu'il déploiera, pour sauver son pays, toutes les
ressources de son admirable intelligence, jamais
nous ne le verrons foudroyer l'ennemi, comme
Napoléon, par de vastes combinaisons géomé-
triques conçues à l'avance dans le cabinet :
c'est sur le terrain même, au choc des difficultés, l'épée dans les reins, si je puis dire,
qu'il cherche et qu'il trouve, qu'il se révèle
à l'ennemi et à lui-même. « Il a été grand
surtout dans les moments les plus critiques. » a

dit Napoléon. Sa stratégie est remplie de tâton-
nements; le goût, l'inspiration géniale n'y sont
pour rien. En 1778 encore, vers la fin de son
règne, le vieil athlète écrira au prince Henri,
son frère : « Tout le monde peut, hors moi, disposer de soi. Mon destin veut que je coure sous
le harnois que je suis obligé de porter, et je dois
m'y soumettre. » Il n'est point né capitaine, il
l'est devenu peu à peu, sous le feu de l'ennemi.
La science de la grande guerre moderne commen-
cera à se former sur ses opérations; mais ses opérations ne sont que le résultat de la nécessité.
« Un bon esprit, disait-il, est susceptible de toutes
sortes de formes : il apporte des dispositions à
tout ce qu'il veut entreprendre; il est tel qu'un
Protée qui change sans peine de formes et qui
paraît réellement l'objet qu'il représente. » Jomini,
après avoir comparé Frédéric et Napoléon et
montré la différence initiale des deux intelligences
au point de vue militaire, ajoutait : « Frédéric
n'était point dans une situation à jouer un si
gros jeu, et, en bornant ses plans à gagner du
temps et à empêcher tout concert entre ses formidables ennemis, il prit le parti le plus sage. »

Eh bien, ce que nous venons de dire de l'homme
de guerre, nous pouvons le dire aussi de l'homme
d'État, et le jugement de Jomini sur les opéra-

tions militaires du roi de Prusse s'applique parfaitement à ses opérations diplomatiques : tant
il est vrai que les unes et les autres se tiennent
étroitement et tendent au même but. Il y a, en
effet, entre celles-ci et celles-là une analogie évi-
dente : sur le terrain diplomatique comme sur
les champs de bataille, ce petit roi n'établit son
autorité qu'à la longue; là aussi, il doit « empêcher tout concert entre ses formidables ennemis »,
paralyser leur hostilité, diviser leurs efforts pour
affaiblir les uns après les autres, les uns par les
autres, et profiter de leur abaissement. Il vise au
solide, il y atteint, et, comme il sait s'arrêter à
propos, il le garde. Dussions-nous paraître immo-
ral, nous dirons que, en 1740, Frédéric fit d'excellente politique, parce que, là comme ailleurs,
il modela sa conduite sur les événements, sur les
besoins et sur les ressources de son pays : c'est
ce qu'un Jomini politique eût démontré métho-
diquement.

Tâchons au moins, à présent que nous connaissons l'homme, de nous placer avec lui en cette
crise décisive de 1740, et de ressaisir le fil de ses
raisonnements.

III

Le 26 octobre, l'empereur Charles VI meurt à
Vienne. Le lourd et glorieux héritage de Charles-
Quint, déjà bien amoindri sous ses successeurs,
morcelé par la perte de l'Espagne et de l'Italie
méridionale, par les guerres malheureuses avec la
France et la Turquie, par les rivalités de famille
et l'ambition des princes, tombe aux mains d'une
archiduchesse de vingt-trois ans, douée des plus
douces vertus et des grâces les plus délicates, mais
moins faite, à ce qu'il semble, pour gouverner un empire que pour charmer un époux,
et bien frêle pour affermir sur sa jolie tête
blonde une couronne si pesante et si ébranlée. La
tendre Marie-Thérèse aura-t-elle assez d'habileté et

d'énergie pour supporter les grandes épreuves
qui l'attendent? Elle a montré, il est vrai, beaucoup de résolution et de ténacité dans l'affaire de
son mariage; elle a réussi à épouser son cousin,
François, duc de Lorraine, malgré l'opposition
du Conseil aulique, qui se méfiait de ce prince
plus Français qu'Allemand, et du gouvernement
de Versailles, qui se souciait peu de voir l'Allemagne mettre la main, par cette alliance, sur
la clef de notre frontière. Les diplomates ont
remarqué avec quelle intelligence elle a conduit
elle-même la négociation par laquelle son fiancé
a reçu le grand-duché de Toscane en échange de
la Lorraine. Mais quoi! l'amour alors était de
la partie, et que pouvait-on raisonnablement
conclure de là pour la direction future de l'empire ?

En tous cas, il ne fallait pas être grand clerc
pour prévoir que la mort de l'empereur serait le
signal d'une transformation complète des forces
politiques européennes. « Ceux qui seront les
plus habiles en profiteront », disait Maurice de
Saxe ; et Frédéric écrivait à Voltaire : « Cette
mort dérange mes projets pacifiques (il eût pu
dire avec plus de justesse : arrange mes projets
belliqueux), et je crois qu'il s'agira, au mois de
juin, plutôt de poudre à canon, de soldats et de

tranchées, que d'actrices, de ballets et de théâtre...
C'est le moment du changement total de l'ancien
système de politique... Je vais faire passer ma
lièvre; car j'ai besoin de ma machine et il en
faut tirer à présent tout le parti possible... »

Tous les gouvernements souhaitaient comme
une délivrance l'affaiblissement et même le démembrement de ce Saint-Empire qui avait do-
miné et étouffé le monde pendant tant d'années.
Aussi, dès que la nouvelle de l'avènement de
Marie-Thérèse fut connue, l'Europe, qui, par la
Pragmatique Sanction, avait garanti solennelle-
ment les droits de la jeune princesse à l'héritage
paternel, se leva presque entière pour les contester. L'Électeur de Bavière, le petit-fils du
fidèle allié de Louis XIV, le seul catholique parmi
les Électeurs laïques de l'empire, réclamait les
domaines de la maison d'Autriche en vertu d'un
testament de Philippe Ier, père de Charles-Quint,
et n'attendait qu'un signe de la France pour entrer en campagne. L'Espagne élevait ses prétentions sur la Hongrie et la Bohême, apanage de la
branche aînée de la maison d'Autriche. La Sardaigne réclamait sa part en Italie. L'Électeur de
Saxe, roi de Pologne, faisait valoir les droits de sa
femme, nièce de Charles VI, et son frère Maurice lui écrivait : « Si j'étais à la place de Votre

Majesté, je ferais marcher. cette lettre reçue, mes troupes vers les frontières de Bohême ; j'enverrais au roi de Prusse. pour savoir s'il veut tenir bon. au cas que je me déclarasse pour lui et que je fisse entrer mes troupes en Bohême. La réponse venue, sans autre traité, je les ferais entrer en Bohême. *primo occupando.* Qu'est-ce que Votre Majesté risque ? C'est de rendre une partie de cette Bohême dont on lui a offert un morceau. qui assurément sera plus grand si elle prend le tout... Il n'y a pas un moment à perdre. »

Quant à la France, son intérêt clairement indiqué était de poursuivre l'annexion des Pays-Bas, suite naturelle des conquêtes de la Flandre, de la Lorraine et des Trois-Évêchés.

Bref, tout le monde voulait une part du gâteau. Si Frédéric a réussi et si nous avons échoué, est-ce une raison pour lui en vouloir, et ne faut-il pas nous en prendre à nous-mêmes ? C'est ce que nous aurons à examiner.

Je ne parle que pour mémoire de l'Angleterre et de la Russie, dont l'ambition et la politique pour être orientées d'un autre côté, n'en étaient pas moins actives et nettement définies : la première visait à fonder sa domination maritime et coloniale sur les ruines de la nôtre ; la seconde travaillait à l'affaiblissement graduel et au démembrement de la Turquie.

Dans ces circonstances, la Prusse devait-elle être la seule à ne pas avoir de politique ? Frédéric devait-il s'abstenir, par un sentiment de gratitude pour le père de Marie-Thérèse, comme paraît le croire M. de Broglie ? C'eût été le devoir d'un particulier; était-ce bien celui d'un chef d'État ? « La première condition de celui qui a part au gouvernement des États, a dit Richelieu, est de se donner tout au public et de ne penser pas à soi-même. » Eh quoi ! dans cet ébranlelement profond de la vieille Europe, dans cette révolution générale, ce jeune roi aurait dû se croiser les bras, laisser le champ libre à ses rivaux, permettre à la Saxe de s'agrandir près de lui, regarder sans bouger la France prendre les Pays-Bas et donner la couronne impériale à l'Électeur de Bavière (ce qui n'eût pas été, du reste, une solution plus agréable à Marie-Thérèse). Il aurait dû inaugurer son règne par une abdication et priver d'emblée sa patrie de toute chance d'avenir ! Rappelons-nous qu'en prenant la couronne, il trouvait des éléments de nation plutôt qu'une nation : la Prusse était formée de membres épars, disparates ; elle n'avait ni cohésion ni unité ; elle présentait ses flancs ouverts à l'étran-

ger ; mais aussi elle possédait déjà une administration forte, des finances bien ordonnées. une
solide armée de 80.000 hommes. Frédéric sentait
sa faiblesse ; mais il sentait aussi le remède sous
sa main. Il avait une très haute idée des devoirs
patriotiques et de la tradition nationale que lui
avaient légués ses ancêtres. Il faut voir dans ses
Mémoires de quel ton il parle de ce Grand Électeur, qui prit le Brandebourg au sortir de la
guerre de Trente ans, et l'accrut en force et en
honneur en accueillant les victimes de la révocation
de l'Édit de Nantes: il ose le comparer à Louis XIV
lui-même dans toute sa pompe et dans tout son
éclat! Et, quand il raconte l'histoire de son père.
cet avare égoïste et brutal qui l'a élevé à la férule
et dont il a eu tant à se plaindre, il n'a pour lui
que des paroles de respect et de gratitude : ce
n'est pas son père qu'il dépeint. c'est le chef de
la Prusse, c'est l'image vivante de la patrie.
Tout cela est d'une âme vraiment royale. Croyez-
vous qu'un homme capable de tels sentiments se
soit abaissé de gaieté de cœur aux petitesses,
aux fourberies que M. de Broglie s'est plu à
décrire avec tant de pénétration? Non : tout, chez
Frédéric, est subordonné à l'intérêt de la grande
cause qu'il sert, de la monarchie qu'il achève de
fonder ; il sait ce que valent les moyens qu'il

emploie pour arriver à ses fins, comme il
sait ce qu'il vaut lui-même et ce que vaut la
gloire : mais il sait aussi ce que valent les hommes : il sait que, s'il n'use pas de certains expé-
dients contre ses ennemis, eux s'en serviront
contre lui : il pense qu'en politique. lorsqu'on
porte la responsabilité de l'existence d'un peuple.
mieux vaut duper qu'être dupé ; que, si l'on
n'écrase pas les autres, on sera écrasé par eux :
que. s'il ne se fraye pas sa voie les armes à la
main au milieu des colosses qui l'entourent. il
sera broyé : c'est une question de vie ou de
mort pour son pays. Il estime qu' « un prince
doit faire respecter sa personne, surtout sa nation. et que, dans un changement de règne, il
est plus convenable de donner des marques de
fermeté que de douceur. »

« La monarchie, dira-t-il encore, était une
espèce d'hermaphrodite, qui tenait plus de l'électorat que du royaume. Il y avait de la gloire à
décider cet être, et ce sentiment fut sûrement un
de ceux qui fortifièrent le roi dans toutes les
grandes entreprises où tant de motifs l'enga-
geaient. »

Il s'agissait de frapper un grand coup, de se
poser et de poser son État devant l'Europe. Si
Frédéric n'avait pas fait la guerre à ce moment,

2

il serait demeuré, lui, son armée, son pays, la
risée des puissances. On eût continué à le regarder comme on regardait son père et à considérer
ses 80,000 soldats comme une parade puérile et
vaine. Cette décadence passagère de la Prusse qui
devait commencer après lui, sous Frédéric-Guillaume, eût commencé dès lors, sous son règne:
seulement, la Prusse n'aurait pas eu son cadre,
sa tradition illustre et comme ses titres de noblesse. Au lendemain d'Iéna, elle n'a eu qu'à
se souvenir de Frédéric le Grand pour se régénérer, reconquérir la prépondérance en Allemagne et enfin la suprématie en Europe.

Que ce jeune homme voulût fixer les regards
du monde, tailler dans le plein de la vie et
de la fortune, qu'il voulût goûter les nobles
plaisirs de la puissance et de la gloire, qu'il eût
un désir de briller d'autant plus vif qu'il avait
été plus longtemps tenu dans l'ombre, cela n'est
pas douteux, et lui-même ne le cache point,
— car nul n'est plus sincère, et, s'il a dû parfois prendre un masque devant ses contemporains, il l'a jeté pour paraître devant la postérité; — mais ce serait, à nos yeux, dénaturer
son caractère et sa conduite que d'attribuer la
guerre de Silésie à une idée personnelle d'ambition, à ce que Machiavel nomme « cette rage

de domination qui est innée au cœur humain » :
c'est, avant tout, le zèle pour la grandeur de sa
patrie qui le poussa à cette première entreprise,
comme à toutes celles qui en découlèrent : il
sentait que la guerre seule pouvait donner plein
essor à ce peuple jeune.

Asseoir fortement la Prusse, la faire respecter,
créer un contre-poids dans l'Allemagne du Nord
à la puissance catholique qui avait enserré l'Europe dans ses mailles de fer pendant tout le
moyen âge; former un foyer de civilisation, de
culture intellectuelle, de liberté religieuse, et sus-
citer une sorte de Renaissance philosophique,
scientifique, littéraire, chez cette race encore à
demi barbare, chez ces Goths mal dégrossis, tel
fut bien son dessein (quelque peu dénaturé par
ses successeurs, même par les plus illustres), et
telle fut l'œuvre qu'il parvint à réaliser à force
d'opiniâtreté, de prudence, de justesse de coup
d'œil, de connaissance des hommes; si bien
qu'au sortir de ses mains, la Prusse était, suivant l'expression de Mirabeau, « le pivot de la
paix ou de la guerre » (juillet 1786).

Et c'est en ce sens que nous entendons cette
fameuse phrase de l'*Histoire de mon temps*,
que Voltaire lui fit effacer et que M. de Broglie a soin de relever : « Des troupes toujours

prêtes à agir, mon épargne bien garnie, et la
vivacité de mon caractère, c'étaient là les raisons que j'avais de faire la guerre à Marie-
Thérèse. » Il ne faudrait cependant pas prendre
des boutades au pied de la lettre! Frédéric ne
voulait pas dire qu'il avait fait la guerre parce
qu'il avait de l'argent et des soldats, mais qu'il
avait pu la faire à cause de cela, — ce qui est
bien différent! Supposez-le à la place de Napoléon
après Eylau, et dites si vous croyez que tous les
triomphes de la grande armée l'eussent empêché
de conclure la paix? Sa véritable pensée politique, nous la trouvons dans sa réponse au chargé
d'affaires anglais, Guy Dickens, qui l'interrogeait
sur ses armements précipités :

« L'Autriche est une puissance nécessaire pour
lutter contre les Turcs, mais elle ne doit pas,
en Allemagne, avoir une puissance assez grande
pour que trois électorats ne puissent lui tenir
tête. Je sais bien que vous, comme la France,
vous voulez mettre tous les princes en tutelle ;
mais je ne veux être guidé par aucun de vous
deux... »

On a souvent comparé la vie paisible et retirée
que menait Frédéric au manoir de Rheinsberg,
alors qu'il n'était que prince héritier, à ses premiers actes comme souverain: on a opposé ses

maximes à sa conduite, on a rappelé sa fameuse
réfutation de Machiavel, et on l'a accusé de l'avoir
reniée en fait. J'avoue que je ne saisis pas
l'incompatibilité qu'on a essayé d'établir entre
ces essais de morale théorique et désintéressée, et
la politique belliqueuse que lui dictèrent sa raison
et son devoir. Il y a longtemps que M. de Cavour
a dit que la politique n'a rien de commun avec
la morale. Cela ne veut pas dire qu'il y ait
nécessairement opposition entre l'une et l'autre;
mais il faut bien reconnaître que le moraliste
traite surtout des idées, tandis que le politique
traite surtout des intérêts et des passions. Peut-
être serait-il aussi faux de voir en Frédéric un
disciple *à priori* de Machiavel, qu'il serait faux
de prendre au pied de la lettre et autrement que
comme un exercice philosophique sa réfutation
du *Prince*; mais, en supposant même que cette
réfutation fût absolument sincère, n'est-il pas
certain qu'il eût été coupable, en tant que patriote, en tant que roi, et une fois qu'il tenait le
sort de son peuple entre ses mains, de le laisser
échapper en s'arrêtant à des considérations spé-
culatives? Tandis que ce jeune homme, pour
tromper l'activité de son esprit et son âme
avide de grandes choses, se livrait à des passe-
temps littéraires et jouait la comédie au château

2.

de Rheinsberg, il ne s'en préparait pas moins
assidûment à son rôle futur ; il n'étudiait pas
avec moins d'ardeur cet autre théâtre où il allait
conquérir une si grande place. Il réfutait Machiavel ; mais il avait soin de se faire renseigner
sur l'effectif des armées étrangères et sur l'état
des puissances. Quant Charles VI mourut, Frédéric était prêt ; cette campagne de Silésie, qui
parut un coup de tête, une improvisation téméraire, n'était que la conclusion d'une série de
raisonnements. Pour en arriver là, Frédéric n'eut
qu'à regarder ce que tout le monde avait depuis
longtemps sous les yeux.

Comprenons bien cette figure complexe, où
les premiers rayons des temps nouveaux se
jouent au travers des ombres du moyen âge,
mélange curieux de l'esprit de la Réforme, du
scepticisme et des lumières de la philosophie
moderne, de la rudesse féodale et teutonne. Le
compatriote de Leibniz, le contemporain de Voltaire, se rend bien compte de ce qu'il y a parfois de misérable dans les moyens auxquels on
est forcé de recourir pour brasser l'œuvre politique. Parlant de cet avenir de « raison perfec-
tionnée » qu'il voit poindre dans le lointain :
« Tout dépend pour l'homme, dit-il, du temps où
il vient au monde. Quoique je sois venu trop

tôt, je ne le regrette pas... » Il sent ce qui manque à son temps, ce qui lui manque à lui-même; il a l'esprit trop philosophique et il est trop accoutumé à se dédoubler au moral pour ne pas le sentir; mais il se console parce qu'il a conscience d'avoir exécuté avec honneur sa consigne de chef d'État.

Nous avons tenu à remettre d'abord en lumière cette haute raison de Frédéric, les motifs patriotiques qui le poussèrent à prendre les armes, le but élevé qu'il se proposait: car M. de Broglie a volontiers laissé dans l'ombre ces grands côtés (peut-être comme trop connus); et, négligeant de considérer la beauté sévère du dessein, il semble avoir été frappé principalement des misères et des laideurs de l'exécution. Il est vrai qu'il a merveilleusement analysé celle-ci : nous allons l'étudier ensuite: et, s'il nous arrive parfois de juger un peu autrement que lui les procédés diplomatiques du monarque prussien, là du moins nous ne saurions nous plaindre qu'il ait rien voilé. Mais, à notre avis, de même qu'il serait injuste de reporter à Frédéric tout l'honneur de ses succès, de ne pas faire la part de notre incapacité et de ne pas reconnaître (comme il l'a fait lui-même) que, s'il a su se servir des circonstances, les circonstances l'ont

fort bien servi ; de même, il nous paraîtrait
injuste de le rendre toujours responsable personnellement de ce qu'il y eut de peu scrupuleux dans sa conduite. Le temps où il vivait,
les exemples qu'il avait sous les yeux, l'état
de l'Europe, sa propre position, y étaient bien
pour quelque chose, et il serait peut-être équitable de faire le départ de ces éléments divers.

Nous aurons donc à nous demander s'il ne
faut pas chercher dans sa condition de roi, plutôt
que dans son caractère, l'explication de ses actes :
si sa diplomatie à double face ne lui était pas
imposée par la situation géographique, militaire
et politique de son pays, ou s'il la faut imputer à
sa duplicité naturelle et à son goût pour le
mensonge, la perfidie et la trahison. Nous aurons
enfin à répondre à cette question, la seule qui
importe quand il s'agit d'un chef d'État : A-t il
fait son devoir ? Le fait seul que nous soyons
amené à la poser n'est-il pas la justification des
réserves que nous croyons devoir faire, et qui
prouvent, d'ailleurs, le puissant intérêt et l'admiration très vive que nous inspire l'ouvrage de
M. le duc de Broglie ?

IV

Donc, au mois d'octobre 1740, toutes les puissances s'apprêtaient à profiter de l'avènement de
Marie-Thérèse pour s'agrandir à ses dépens. Si la
France avait été gouvernée, si elle avait eu à sa tête
un Louvois, elle eût jeté aussitôt une armée dans
les Pays-Bas, et c'est seulement après avoir pris
ainsi ses sûretés qu'elle eût offert son appui, soit
à Marie-Thérèse contre Frédéric, soit à Frédéric
contre Marie-Thérèse : par ce moyen, elle eût conservé ces provinces, prix de son alliance. Mais,
au lieu de Louvois, nous avions Fleury, Fleury
plus qu'octogénaire, Fleury qui s'obstinait à ne
pas mourir, qui désespérait toutes les jeunes
ambitions et ne désirait qu'une chose : vivre en

paix, sans être dérangé, jusqu'à son dernier
souffle. On la fit, cette guerre, malgré lui, et on
s'allia au roi de Prusse ; le vieux ministre n'eut
le courage ni de résister au mouvement ni de
le conduire. On entra en campagne trop tard :
on agit avec mollesse ; l'armée, tiraillée entre deux
chefs rivaux, Belle-Isle et Broglie, fut paralysée
et forcée de battre en retraite. Notre action militaire subit toutes les indécisions de notre action
diplomatique.

Ce que Fleury ne sut point faire : conquérir
une province au moyen d'une alliance, Frédéric
le fit. Sa position était bien autrement difficile,
non seulement parce qu'il était plus faible, mais
parce qu'il ne pouvait songer à trouver un point
d'appui qu'en Angleterre ou en France, et que
ces deux États étaient encore une fois en conflit
l'un avec l'autre : il risquait donc, en s'unissant
au premier, de s'attirer l'hostilité du second,
ou réciproquement, et, tandis qu'il combattait
l'Autriche, d'être pris entre deux feux. Par conséquent le problème était celui-ci : obtenir l'alliance anglaise sans mécontenter la France et
sans la rejeter dans les bras de Marie-Thérèse, ou
bien gagner notre appui sans se mettre à dos
l'Angleterre.

De l'alliance anglaise et de l'alliance française.

Frédéric devait naturellement préférer la première, non seulement parce que la Prusse et l'Angleterre étaient unies par le lien religieux, mais parce que la France était l'ennemie héréditaire, parce que le règne de Louis XIV n'avait été qu'une longue et sanglante insulte à toute l'Allemagne. Après l'Autriche, la France était la puissance dont Frédéric devait souhaiter l'abaissement avec le plus d'ardeur. Dans sa pensée, l'alliance avec nous n'était donc qu'un pis aller, et, s'il se voyait réduit à la conclure, il devait se proposer de nous en laisser retirer le moins de profit possible. Tout cela se déduisait logiquement de la situation même de l'Europe, et il ne fallait pas être devin pour le comprendre. Un de nos agents en Prusse, qui, seul, dans toute cette affaire, fit preuve de clairvoyance et de sens politique, mais ne fut malheureusement pas écouté, le marquis de Beauvau, signala tout d'abord la nécessité d'une action énergique et prompte, sans laquelle « Frédéric profiterait d'un premier succès pour se réconcilier avec Marie-Thérèse, et nous aurions ensuite les deux jeunes souverains à la fois sur les bras ». Si tel était l'intérêt évident de la Prusse, on voit par là comment Frédéric se trouvait obligé d'avoir une diplomatie à double face, de se tourner alternativement du

côté de Londres et du côté de Versailles, cherchant
où il trouverait le plus d'avantages, souhaitant
plutôt de s'entendre avec l'Anglais, mais ne voulant à aucun prix se brouiller avec le Français,
et prêt à conclure avec Louis XV si le marché
ne se faisait pas avec George II.

Encore une fois, c'est pour n'avoir pas adopté
cette méthode, négocié à la fois dès le principe
avec la Prusse et avec l'Autriche, et cherché notre
avantage dans l'une ou l'autre alliance, que nous
avons été dupes et que nous sommes revenus
les mains vides.

Si cette diplomatie de Frédéric méritait le
mépris de l'histoire, que de politiques illustres
ne devrions-nous pas flétrir ! Presque tous ceux
qui, de faible, ont su rendre leur patrie puissante, ont été obligés de louvoyer ainsi, de sup-
pléer à la force par la ruse et de coudre, comme
dit Montaigne d'après un ancien, « à la peau du
lion, si elle ne suffit point, un lopin de celle du
regnard. » Ils ont été moins honnêtes parce qu'ils
étaient plus faibles.

Je n'en citerai qu'un, parce que Frédéric l'avait
pu voir à l'œuvre et prendre pour modèle : c'est
Victor-Amédée II, duc de Savoie. Lui aussi, il
avait eu à dévorer silencieusement tous les affronts
que la politique orgueilleuse de Louis XIV avait

infligés à l'Europe : lui aussi, il avait dû « négocier sous terre », dissimuler son ressentiment et
faire semblant de s'appuyer d'abord sur la France;
puis, avec son budget de 6 millions et son armée
de 10,000 hommes, il avait trouvé moyen de
devenir un de nos plus dangereux ennemis et de
peser plus que personne contre nous dans la
coalition européenne. En vérité, serions-nous
bien venus à le lui reprocher? Sa politique astu-
cieuse et retorse n'était-elle pas le fruit de notre
insolence écrasante? N'était-elle pas la politique
obligée de sa position géographique et de sa
maison? Aurait-il pu, quand même il l'eût voulu,
être plus franc, plus libre d'allures? Non : comme
Frédéric, il était condamné à être plus adroit
que droit, à plier pour pouvoir grandir, à suivre
mille sentiers de traverse, mille détours, à passer
par des portes étroites et même par des portes
basses. Ils y ont laissé tous deux des lambeaux
de leur personne morale; mais ils ont atteint
leur but, qui n'avait jamais varié et qui était
singulièrement noble.

La meilleure preuve que la politique de Frédéric était la seule conforme aux intérêts permanents de la Prusse, qu'elle était dans la logique
de sa situation, c'est que, plus d'un siècle après,
— et quel siècle ! — M. de Bismarck s'est vu

forcé de l'adopter à son tour. Lui qui avait
d'abord soutenu la nécessité pour la Prusse de
rester indissolublement unie à l'Autriche contre
la « Révolution », il n'a pas tardé à changer ses
batteries et à comprendre qu'au contraire le
seul moyen de dégager la Prusse de sa position
subalterne et d'assurer son autonomie, c'était
la guerre avec l'Autriche. Dès le lendemain
du Congrès de Paris, il disait à son gouvernement :

« Si jamais il se forme une alliance franco-
russe contre l'Autriche, mettez-vous hardiment
du côté du manche. Vous auriez tort de surfaire
la puissance de l'Autriche : forte pour l'offensive,
elle est faible pour la résistance; occupez-vous
de profiter des graves embarras qu'on lui prépare. L'Allemagne est trop étroite pour nous et
pour elle. Nous cultivons ensemble le même
champ, elle contestera toujours nos droits de
propriété et de jouissance ; elle est le seul État
pour lequel nos pertes soient un profit, le seul
sur qui nous ayons quelque chose à gagner. Certains débats ne se vident que par le fer et le
sang. Depuis le règne de Charles-Quint, le dua-
lisme germanique a produit une fois au moins
par siècle une grande guerre intérieure ; tenez
pour certain que, dans ce siècle aussi, il n'y

aura pas d'autre moyen de mettre l'horloge allemande à l'heure qu'elle doit marquer. »

Ambassadeur à Paris, il fit tous ses efforts
pour gagner notre appui ou du moins notre neutralité : tant que la Prusse resterait disjointe et
disloquée du côté de la Hesse électorale et du
Nassau et du côté du Hanovre, elle serait trop
faible pour soutenir le choc de l'Autriche ou de
la Russie, et par conséquent pour nous être
utile à un moment donné : il fallait que la
France l'aidât pour qu'elle pût un jour aider
la France. Napoléon III donna dans le piège
comme Louis XV, et M. de Bismarck atteignit,
exactement par les mêmes moyens, le double but
que Frédéric avait atteint au dix-huitième siècle :
d'abord, l'abaissement de l'Autriche, puis l'abaissement de la France. Ainsi M. de Bismarck, enfermé dans les bornes étroites des assemblées
parlementaires, dans l'horizon de la politique
intérieure, s'imagine d'abord que le mobile de
la politique prussienne est de résister à la « Révolution » et que l'alliance autrichienne est la loi
fondamentale de cette politique ; puis le même
M. de Bismarck, envoyé à Francfort, au centre
de la diplomatie allemande, en face de l'Europe,
reconnaît aussitôt son erreur et se met à conseiller cette diplomatie à double face dont Frédé-

ric avait donné l'exemple, et que lui-même a pratiquée, on sait avec quel succès.

Le 1er janvier 1855, il écrit à son ministre, M. de Manteuffel : « On n'aura d'égards pour nous que si l'on nous craint. Rien ne nous serait plus utile que de faire croire à la France et à l'Angleterre que nous sommes capables de marcher avec la Russie, et à la cour de Vienne que nous sommes prêts à sacrifier nos relations avec elle à l'entente cordiale avec l'Occident. »

N'est-ce pas exactement le système suivi par Frédéric dans l'affaire de Pologne, alors qu'il se portait alternativement à droite et à gauche, effrayant tour à tour l'Autriche en lui rappelant qu'il était l'allié de la Russie, et la Russie en faisant semblant de se rapprocher de l'Autriche, afin de rester l'arbitre et le maître de la situation ? « Politique de surenchère », direz-vous dédaigneusement, « politique de marchandage », soit ! Ce qui est certain, c'est que, tant que les avis de M. de Bismarck ne furent pas écoutés, la Prusse joua un rôle pitoyable et Frédéric-Guillaume IV ne sut pas profiter de la guerre de Crimée, au grand désespoir du futur chancelier, et qu'au contraire, dès que la Prusse fut de nouveau gouvernée d'après ses maximes, elle recommença de grandir.

La conclusion que je veux tirer de ce rapprochement, c'est que la diplomatie de Frédéric et de M. de Bismarck a été bien moins l'œuvre d'une conception individuelle chez l'un, et chez l'autre une imitation préméditée, que le résultat logique de la géographie et de l'histoire. C'était la position même de la Prusse qui était complexe et à double face. On en peut dire autant de toute bonne politique : elle ne sort pas tout armée du cerveau d'un homme, comme la poésie ; elle sort des faits, comme la science : pour parler à l'allemande, elle n'est pas subjective, elle est objective.

V

A présent que nous avons fait voir la position et la partie de chacune des puissances sur
l'échiquier européen en 1740, et montré pourquoi Frédéric était obligé de jouer, comme tous
les autres, sous peine de laisser fondre entre ses
mains l'héritage qu'il avait reçu, il sera aisé de
suivre dans la série de ses coups, bien moins
les savantes combinaisons d'un génie inventif,
que la marche d'un raisonnement juste et d'un
calcul exact.

Quel est l'objet qu'il se propose? L'annexion
de la Silésie. Quel doit être, à ses yeux, le moyen
le plus désirable pour y atteindre? C'est de l'obtenir directement de Marie-Thérèse, sans avoir
besoin de négocier avec des tiers. Il va donc

droit au but; il s'adresse à la jeune souveraine,
et, contre la coalition qui la menace, lui offre
son alliance en échange de la province qu'il
convoite. (Notons tout de suite que M. de Broglie,
qui s'indigne fort contre cette entrée de jeu, regrette, avec raison, que la France n'en ait pas
fait autant pour gagner les Pays-Bas : voyez-
vous comme le point de vue change, suivant
qu'on se place de l'un ou de l'autre côté du
Rhin?) Si Marie-Thérèse accepte, — chose peu
probable, — Frédéric « fera valoir le service qu'il
rend à la cause commune de l'équilibre européen en tirant d'un péril certain la seule puissance qui puisse tenir tête à la maison de Bourbon. » Si elle refuse, il se tournera contre elle,
cherchera un allié, et se posera en défenseur des
libertés germaniques. Tel est le plan esquissé par
les ministres Podewils et Schwerin dans un Mémoire approuvé par le roi. L'arme est donc à
double tranchant, et blessera à coup sûr l'un ou
l'autre des adversaires qu'il s'agit d'atteindre ·
l'Autrichien ou le Français. C'est l'application de
la maxime de Richelieu : « Se servir de ses en
nemis contre ses ennemis. » En même temps,
comme il est faible et qu'il doit rassurer l'Europe, Frédéric tient un langage différent à chaque Cour : à Versailles, il est tout français; à

Londres, tout anglais. Entre l'Angleterre et la France rivales, il est comme don Juan entre ses deux maîtresses.

Assurément, il y a quelque naïveté, de la part d'un Prussien, comme M. Droysen, à proclamer fièrement qu'une telle combinaison fut le germe d'où devait sortir la patrie allemande; il vaudrait peut-être mieux ne pas s'en vanter; et l'on sourit quand il prétend y reconnaître l'application rigoureuse des doctrines de l'*Anti-Machiavel*. Mais, d'autre part, aller, comme M. de Broglie, jusqu'à y voir « le contraire du patriotisme » (t. I. p. 127), n'est-ce pas aussi laisser trop percer le Français et son patriotisme blessé? L'honneur de Frédéric n'est-ce pas d'avoir tout sacrifié au bien de son pays? Il y a deux choses sur lesquelles ce grand railleur ne plaisante jamais : l'amour de la patrie, l'amour de la gloire. Connaissez-vous un souverain qui ait mieux personnifié et servi son peuple, qui se soit plus complètement identifié avec lui? Dans les règnes de Louis XIV et de Napoléon, on peut marquer le moment où l'intérêt de la nation a commencé à souffrir de l'orgueil et de l'ambition du monarque; Frédéric, lui, comme Richelieu, a toujours réglé son ambition sur l'intérêt de l'État, et ses ennemis seuls ont eu à en souffrir.

Marie-Thérèse ayant repoussé ses propositions,
il entre en Silésie ; ce qu'il n'a pu obtenir pacifi-
quement, il va essayer de le conquérir par la
force. De son camp, il négociera mieux : à Londres comme à Versailles. on attachera plus de
prix à son alliance. puisqu'on le craindra. La
clef de l'Autriche lui ouvrira les portes des chan-
celleries.

On aperçoit déjà ici le caractère distinctif et
nouveau de sa stratégie, dans la politique comme
à la guerre : au lieu d'attendre l'ennemi , il le
prévient ; par là, et toutes proportions gardées,
il prépare Napoléon.

Nous n'avons nullement l'intention de glorifier
ce coup de force; mais nous sommes bien obligés de nous rappeler, à moins d'être absolument
dupes de nos illusions chauvines, que la France
venait de donner, la veille encore, plus d'un
exemple éclatant d'usurpations pareilles. En lisant
les pages, d'une moralité si élevée, où M. de
Broglie prodigue ses mépris à l'envahisseur de
la Silésie, je me souvenais malgré moi des années
les plus glorieuses du règne de Louis XIV, et en
particulier du ministère de Louvois, et j'étais
frappé de la ressemblance profonde des deux politiques, soit pour le dessein, soit pour les procédés et la mise en œuvre. Je me rappelais « cette

sorte de paix rongeante et envahissante » inven-
tée par notre grand ministre, « ce chancre de
prétentions », comme on disait à la Diète de
Ratisbonne. toutes les humiliations, toutes les
violences, toutes les perfidies qu'il fit subir à
l'Europe, toutes les entorses qu'il donna aux
traités, toutes ses déloyautés, toutes ses fraudes
patriotiques (quand, par exemple, au lieu de
prendre soit Charlemont, soit Dinant, laissés à
notre choix par le traité de Nimègue, il prit les
deux ensemble). Je me rappelais surtout — pourquoi n'oserais-je pas le dire? — cette nuit du
27 septembre 1681, où il s'empara de Stras-
bourg par un guet-apens. et je me demandais
où est la différence entre l'opération de Louvois.
qui nous paraît son chef-d'œuvre. son plus beau
trophée, et l'acte de Frédéric, qui scandalise
si fort notre vertu. Je me demandais enfin si
Frédéric a jamais été soupçonné, même par
un historien français, d'avoir falsifié des dates
dans des pièces diplomatiques, comme le fit un
jour Louvois pour acquérir Mont-Royal, sur la
Moselle. Qui dit cela? Est-ce un Allemand? Non;
c'est M. Camille Rousset, historiographe au
ministère de la guerre de France. Et savez-vous
les réflexions que ce trait inspirait à Sainte-
Beuve ?

« Histoire, s'écriait-il, n'es-tu donc que cela
jusque dans tes meilleurs et tes plus grands jours ?
un mélange d'ambition, d'habileté, de fraude et
de grandeur ! Louvois n'était pas un Aristide ;
c'était un peu un Caton l'Ancien pour l'égoïsme
et l'âpreté de son patriotisme. Que celui qui aurait osé, s'il avait été Romain, reprocher à l'antique Sénat sa politique persévérante, conquérante et assimilatrice à tout prix, cette politique
qui agissait et opérait uniquement en vue de la
grandeur et des destinées de Rome, que celui-là
jette la pierre à Louvois, tout occupé de former
et de remparer d'une enceinte infranchissable ce
vaste quartier de terre, ce *pré carré*, comme
l'appelait Vauban, ce beau gâteau compacte qui
constitua depuis lors l'unité de notre territoire. »

Et nous, nous ne pouvons nous empêcher
d'ajouter : Si vous excusez Louvois, vous devez
aussi excuser Frédéric ! Si vous nous représentez
le héros prussien comme un coquin vulgaire,
comme un fourbe cynique, sans pudeur, sans
honneur, sans foi ni loi, ne vous étonnez plus que
les Allemands viennent jeter de la boue sur nos
gloires, contester nos droits sur l'Alsace et la Lorraine et soutenir que Frédéric a vengé la Prusse
de Louis XIV, comme M. de Bismarck de Napoléon ! Vaines récriminations que tout cela ! Le

vrai patriotisme consiste-t-il à s'exalter toujours
soi-même, à chanter ses propres louanges, à
jeter un voile sur ses fautes et sur ses vices, et
à rechercher avidement ceux de ses rivaux pour
les rabaisser et les avilir? Non, ce n'est pas
ainsi que nous entendons le patriotisme. La
meilleure manière de prouver à son pays qu'on
l'aime, c'est de le bien servir, c'est de l'accroître
en force et en gloire; et, pour cela, il faut d'abord
voir clair sur les autres et sur soi-même; il
faut se dégager de tout préjugé, de toute illusion,
rejeter toutes les chimères, celles du chauvinisme
comme celles de la générosité; il faut connaître
et scruter nos points faibles, les défauts de
notre armure, et savoir aussi comprendre et admirer le mérite, la noblesse, la grandeur de ceux
qui nous veulent du mal, qui peuvent et qui
doivent nous en faire. Interrogeons l'histoire,
faisons notre examen de conscience : peut-être
serons-nous moins sévères pour nos ennemis, et
par cela même plus avisés à leur égard. Il y a
mieux à faire pour un vaincu que de s'irriter
contre son vainqueur, c'est de reconnaître que
ses armes sont bonnes, de les lui prendre et de
l'en accabler. N'est-ce pas l'exemple que nous a
donné Frédéric lui-même lorsqu'il a tourné à
son profit, et contre nous, l'esprit de nos hommes

de lettres. la plume de Voltaire? « Je hais le fanatisme en politique comme je l'abhorre en religion », disait-il. (Lettre à Fleury, 19 septembre 1742.) En effet, la politique n'est pas affaire de passion, d'amour ou de haine: il faut savoir rester de sang-froid pour gouverner, et même pour écrire l'histoire de ceux qui ont gouverné. Il ne s'agit pas de savoir si nous aimons Frédéric, mais s'il a eu raison de mettre sa patrie, qui ne comptait pas, au premier rang des puissances de ce monde.

Alléguera-t-on que Louvois n'avait pas les mêmes motifs pour ménager l'Allemagne, que Frédéric pour ménager Marie-Thérèse? que l'empereur Charles VI, père de cette princesse, avait sauvé la vie au prince héritier de Prusse et que celui-ci aurait dû s'en souvenir sur le trône? que « l'Autriche et la Prusse avaient vécu en paix pendant quatre-vingts ans, signé plus d'un traité d'alliance et venaient de combattre en commun, la veille encore, dans la dernière guerre? » (Tome I, page 116.)

N'allons pas mêler le sentiment à la politique, et osons appeler les choses par leur nom. Il est des vertus qui, transportées de la vie privée à la vie publique, peuvent devenir des crimes de lèse-patrie. En matière de rapports internationaux,

les mots désintéressement, générosité, reconnaissance, amitié, n'ont qu'un sens relatif. On n'a
point d'amis, et on ne doit pas en avoir. — les
amis coûtent trop cher! — on a des alliés, si
l'on peut, c'est-à-dire des atouts dans son jeu.
Quand on conclut une alliance, on se propose
son intérêt à soi, et non celui du voisin, à moins
d'être un songe-creux, comme nous en avons vu.
On pourrait dire que nulle diplomatie ne fut plus
généreuse que celle du second empire, puisqu'elle
avait pour principe cette théorie des nationalités
qui consistait à agrandir et à fortifier tous nos
voisins à nos dépens. Réciproquement, il est des
cas où l'ingratitude peut devenir une vertu d'État.
Observons, d'ailleurs, que les hommes publics la
peuvent pratiquer avec bien plus d'aisance encore
que les particuliers : car ils agissent au nom d'une
nation, laquelle nation étant une grande société
anonyme, où chacun n'est responsable que pour
une infime partie, n'est point retenue par le sentiment de la pudeur et s'abandonne impunément à
ses convoitises. Tous les mauvais sentiments qu'un
homme s'efforcera parfois de dissimuler, un peuple
n'en prendra cure, et, s'ils lui réussissent, il s'en
glorifiera. Le patriotisme, c'est Herbert Spencer
qui l'a dit, a pour fondement l'égoïsme [1].

1. *Introduction à la science sociale*, ch. IX.

Il faut avoir l'âme neuve pour croire à la
reconnaissance en matière diplomatique! Et. par
exemple. j'avoue que je n'ai jamais vu sans
surprise ceux de nos compatriotes qui s'indi-
gnent aujourd'hui de l'ingratitude de l'Italie,
qui l'agacent en lui rappelant sans cesse nos
bienfaits. Est-ce que, au lendemain même de
Magenta, M. de Cavour ne se tournait pas vers
Berlin, tâchant d'amadouer le roi Guillaume et
essayant de lui persuader que l'unité italienne
pourrait bien ne pas être inutile un jour à la
cause de l'hégémonie prussienne? Ne jouait-il
pas. lui aussi, dès lors, son double jeu, le double
jeu de Victor-Amédée son compatriote. le double
jeu de Frédéric, le double jeu éternel des faibles
qui veulent devenir forts? Et n'est-ce pas grâce
à ce double jeu que, en 1860, il put déchirer
impunément le traité de Villafranca, envahir les
Marches sans même donner l'apparence d'un prétexte, et fouler aux pieds, avec les engagements
de l'Italie. le droit public de l'Europe? Qui ose-
rait soutenir cependant qu'il n'ait pas fait son
devoir? Il y aurait mieux à faire maintenant
que de nous plaindre de l'ingratitude de l'Italie :
ce serait de la détourner de la Savoie et de Nice
sur Trieste; mais, pour cela, il faudrait avoir un
gouvernement. une diplomatie.

VI

Nous venons d'examiner la politique de Frédéric à l'égard de l'Autriche. Il est plus délicat de parler de sa conduite à l'égard de la France, d'abord parce que la morale en a souffert encore davantage, ensuite parce qu'il s'agit de nous.

Ici encore, il faudrait un peu nous mettre à sa place : car, en restant à la nôtre, nous risquerions fort de ne voir qu'une moitié des choses. Il faudrait nous rappeler les cinquante dernières années du règne de Louis XIV, les incurables blessures et le légitime désir de vengeance que notre vanité, nos sarcasmes, nos abus de force avaient laissés au cœur de l'Allemagne. Louis XIV avait « montré les verges » aux nations : c'était

une de ses expressions favorites; il avait fait souvent, comme on l'a dit avec justesse, « non plus
la politique, mais la police de l'Europe ». On
paye cher cette manière d'agir. M. de Broglie
est le premier à reconnaître que la haine qui unis-
sait contre nous tous les Allemands « était en
partie du moins justifiée ». Il convient d'ajouter
que toute l'Europe était, par les mêmes motifs,
dans les mêmes sentiments à notre égard. Dès
lors, doit-on s'étonner que le roi de Prusse n'ait
eu recours à nous qu'avec répugnance, et à la
dernière extrémité ?

Au lendemain de la bataille de Molwitz, gagnée
le 11 avril 1741 par son lieutenant le maréchal
Schwerin, il espère encore forcer Marie-Thérèse
à lui céder la Silésie et pouvoir se passer de notre
concours : car il craint par-dessus tout de faire
nos affaires en même temps que les siennes. Ce
n'est qu'en présence de l'attitude inflexible de sa
jeune rivale, qu'il se décide à conclure un traité
avec nous le 7 juin, mais sans cesser pour cela de
négocier sous main avec l'Angleterre, à laquelle
il doit naturellement essayer de cacher le plus
longtemps possible sa nouvelle alliance.

Belle-Isle, l'homme à projets et à illusions,
l'homme populaire, qui a fait de ce beau traité
son affaire et son triomphe, Belle-Isle ne se sent

plus de joie; il écrit à Fleury : « Le grand-duc
sera exclu du trône impérial, et Votre Éminence
y fera monter l'Électeur de Bavière. Elle aura la
gloire d'abaisser pour toujours cette maison
rivale et ennemie de la France; elle confondra par
la vigueur de ses opérations la haine et l'envie du
roi d'Angleterre. Elle fera rentrer les Russes dans
leurs anciennes bornes. Jamais ministère n'aura
été plus glorieux avec autant de modération. »

Mais le vieux et rusé cardinal, qui n'a pas,
pour applaudir à la combinaison, les mêmes
motifs que Belle-Isle, lui adresse cette réponse
mélancolique :

« Quand je songe que nous n'avons quasi
d'autres alliés que des princes fort mal dans
leurs affaires, je ne laisse pas d'être effrayé de
la guerre où nous allons entrer. J'avoue que le
roi de Prusse, qui n'est pas dans ce cas, m'in-
quiète plus qu'aucun autre... La bonne foi et la
sincérité ne sont pas ses vertus favorites : il est
faux en tout, même dans ses caresses; je doute
même qu'il soit sûr dans ses alliances, car il n'a
pour principe que son unique intérêt. Il voudra
tout gouverner et faire à sa tête sans aucun concert avec nous... Je ne puis m'empêcher de
craindre que, si on lui proposait un parti avantageux, en cas que la cour de Vienne ou plutôt

l'Angleterre jugeassent qu'il est essentiel pour elles de le détacher de nous, il ne serait pas scrupuleux sur le prétexte qu'il pourrait imaginer pour se séparer de notre alliance. Je vous ouvre mon cœur; je vous prie de brûler ma lettre. »

On a peine à comprendre que, voyant si clair et si juste, Fleury acceptât de couvrir de son autorité et de son nom une entreprise dont il augurait si mal! Sa perspicacité même, loin de prévenir l'événement qu'il redoutait, le facilita, puisqu'elle paralysait son zèle au lieu de le stimuler. En essayant de se dérober par des subterfuges aux responsabilités du pouvoir, en n'osant ni s'opposer ni s'associer franchement à la politique de Belle-Isle, qui avait pour lui la Cour, la jeune noblesse, l'opinion, il fut le premier auteur, involontaire, de la défection de Frédéric.

En effet, les hésitations du ministre eurent leur contre-coup dans la conduite des opérations militaires, et l'incertitude, l'équivoque de sa politique passa, en quelque sorte, dans le commandement de l'armée : on ne procéda que par demi-mesures, — ce dont Frédéric n'était pas homme à se contenter. Lorsque les troupes françaises, ayant opéré leur jonction avec les troupes bavaroises, se furent emparées de Linz et de la Haute-Autriche, et lorsque Marie-Thérèse eut fui en Hongrie, Frédéric pensa avec raison qu'il fallait tirer de ces premiers avantages leur conséquence, porter le coup décisif au cœur de l'ennemi et marcher droit sur Vienne. Il est très vrai qu'en défendant ce plan, — pour la réalisation duquel il émettait la prétention d'employer sous ses ordres toute l'armée saxonne, une division de l'armée française et le moins de Prussiens possible, — il est très vrai qu'il voulait, comme on dit, tirer toute la couverture à soi et « se mettre en situation d'être recherché des deux parties [1] », l'Autriche et la France, c'est-à-dire se ménager la faculté de traiter avec l'une en abandonnant l'autre à un moment donné. Ce fut cette crainte qui empêcha le maréchal de Broglie d'adhérer au plan du roi. Pendant tout le mois de septembre, nos troupes piétinèrent sur place devant Linz; elles ne se mirent en mouvement qu'au commencement d'octobre, et, laissant Vienne sur leur droite, elles allèrent entreprendre la conquête de la Bohême et le siège de Prague. C'était là évidemment une grosse faute militaire, et j'ajoute une grosse faute politique : car, du moment que nous nous étions décidés pour l'alliance prussienne, il fallait en pousser jusqu'au bout les consé-

---

1. *Histoire de mon temps*, ch. V.

quences, en tirer le plus d'avantages possible, et prendre l'initiative d'une marche générale et soudaine sur la capitale restée sans défense. C'était le seul moyen d'en finir promptement, d'imposer nos volontés à l'Autriche et de paralyser le mauvais vouloir de notre allié. Ici encore, le clairvoyant Beauvau donna d'excellents conseils, qui restèrent lettre morte.

On hâta ainsi l'événement qu'on voulait prévenir, et l'on fournit à Frédéric à la fois un motif et un prétexte pour se dégager. Réduit à ses propres ressources et au concours des Saxons, il n'était plus assez fort pour réaliser son dessein, ni même pour résister au grand mouvement national qui s'était déclaré en faveur de Marie-Thérèse et qui allait chaque jour grandissant. Après avoir pénétré en Moravie, il dut battre en retraite et rentrer dans ses quartiers de Bohême, accusant de son isolement et de son échec la jalousie de Fleury. En même temps, l'avènement d'un ministère belliqueux à Londres et la résistance de Charles-Emmanuel à l'invasion espagnole dans le Milanais venaient apporter à Marie-Thérèse, à l'ouest et au midi, un surcroît de forces, et allaient étendre la guerre d'un bout à l'autre de l'Europe, sur le Danube, sur le Rhin, sur la Meuse et sur le Pô. Dans ce conflit général, Frédéric, déjà maître de la Silésie, n'avait plus rien à gagner et avait tout à perdre. Il lui faudrait lutter contre des forces bien supérieures avec des forces moindres, non pour soi, mais pour ses alliés, pour ceux-là mêmes qui avaient refusé de le suivre, et qui, par ce refus, avaient laissé la situation s'aggraver et le péril grandir. Compromise par la France, la guerre ne pouvait plus, dès lors, profiter qu'à elle.

En outre, supposez que Frédéric soupçonnât Fleury de négocier sous main avec Marie-Thérèse et craignît une paix séparée, comme il l'a toujours prétendu et comme sa correspondance en témoigne, pourriez-vous le blâmer d'avoir pris les devants et prêté l'oreille aux propositions de l'Autriche? M. de Broglie a prouvé que Fleury, loin de chercher à duper le roi de Prusse, n'avait au contraire qu'une seule préoccupation, celle de ne pas lui déplaire; il a fait justice de cette calomnie, adoptée par Carlyle et répétée par Michelet et par tous nos historiens, que Fleury se préparait à abandonner Frédéric lorsque celui-ci dut se mettre en garde. La France a donc été parfaitement loyale: voilà qui est établi, grâce à M. le duc de Broglie, et cela est précieux à retenir. Mais, de ce que la négociation n'a pas existé, s'ensuit-il que Frédéric n'y ait pas cru? Ce que nous savons aujourd'hui par M. de Broglie, le jeune roi le savait-il? Devait-il avoir une confiance absolue dans les déclarations de nos agents et dans la parole de Fleury? La France n'avait-elle pas donné quelques années auparavant, en 1735, l'exemple d'une défection éclatante, et n'était-ce pas ce même Fleury qui, en abandonnant ses alliées l'Espagne et la Sardaigne, et en signant une paix séparée avec l'Autriche, avait acquis la Lorraine à la France? (Il est vrai qu'alors il était conseillé par Chauvelin, lequel avait du sang de Louvois dans les veines.) Ce fut le dernier grand succès de notre politique extérieure sous l'ancien régime : qui de nous s'aviserait d'en faire un crime à Fleury? Si nous étions sincères, nous avouerions notre regret que Chauvelin n'ait plus été là en 1742 pour ajouter les Pays-Bas à la Lorraine, fût-ce par le même moyen! En tous cas, ce que nous avions fait une première fois, Frédéric pouvait et devait supposer que nous le ferions une seconde; il le devait, parce que, en diplomatie comme à la guerre, il faut toujours compter que l'adversaire choisira le plan qui lui est le plus avantageux, et agir en conséquence.

Savez-vous les réflexions que le traité du 11 juin, qui livrait à Frédéric la Silésie et qui

fut accueilli par toute l'Europe avec joie, inspira
au marquis d'Argenson ?

« Voilà, dit-il, la mode introduite et reçue
parmi les alliés de se séparer et de faire leur
affaire meilleure, en faisant leur traité les premiers; cela ne se voyait pas autrefois. Les Anglais se séparèrent les premiers de la grande
alliance en 1711 et en tirèrent de grands avantages; nous avons suivi ce terrible exemple en
1735 et nous en avons tiré la Lorraine; enfin
voici le roi de Prusse, etc. »

Mais quoi ! pour se défier de nous, Frédéric
avait-il besoin de se rappeler les événements de
1735? Est-ce que, en le prenant pour allié, Fleury
n'avait pas violé ce traité-là même, ce traité qui
était son œuvre (au moins en apparence), son
titre de gloire, et par lequel il avait promis l'appui de la France à Marie-Thérèse ? Ainsi il
venait de fouler aux pieds ses engagements
solennels avec l'Autriche pour se lancer dans une
nouvelle alliance dont l'avantage était au moins
problématique : pouvait-on raisonnablement penser qu'il ne sacrifierait pas celle-ci à plus forte
raison, quand l'intérêt direct, certain de la France
l'y invitait?

VII

Plus on retourne cette histoire en tous sens, plus on se convainc que la diplomatie de Frédéric ressemblait terriblement à celle qu'avaient pratiquée, aux jours les plus glorieux de nos annales, les meilleurs, les plus grands des Français. Sa moralité était la moralité moyenne de son temps : cette absence de scrupules ne choquait pas autrement la conscience publique; car la force et la ruse étaient les principaux ressorts — nullement dissimulés — de toutes les grandes affaires. Les hommes les plus purs, les plus vertueux, les héros les plus humains — un Catinat! — passaient leur vie à corrompre, à trahir, à opprimer, le tout pour la plus grande gloire de Dieu et du roi.

4

Mais que dis-je? Ces temps sont-ils donc si
éloignés, que nous n'y trouvions aucune ressemblance avec le nôtre ? Si nous avons gagné en
moralité extérieure, sommes-nous bien sûrs
d'avoir beaucoup gagné pour le fond des âmes?
Si nous essayons de déguiser nos appétits sous
des prétextes plus ou moins spécieux, et si nous
n'osons plus être ambitieux à front découvert,
comme Frédéric, notre hypocrisie est-elle plus
estimable que son cynisme? Les hommes d'État
modernes, ceux-là mêmes qui ont le suprême
honneur de gouverner par la persuasion un
pays libre, ont-ils trouvé des procédés nouveaux
pour agrandir leur nation ? J'ai parlé de M. de
Cavour, j'ai parlé de M. de Bismarck ; j'ajoute
que je ne vois guère de différence entre la politique assimilatrice et conquérante de l'ancienne
Rome et la politique actuelle de l'Angleterre.

Sommes-nous autorisés à croire que cet état
de choses, aussi ancien que le monde, soit sur le
point de changer? Serait-il vrai que ces grandes
figures qui planent au-dessus de la vieille Europe
et qui ont personnifié aux différentes époques les
luttes, les douleurs, les espérances et les illusions
de la pauvre famille humaine, soient à demi
noyées déjà dans l'ombre du moyen âge, dans le
naufrage du passé, et qu'elles n'aient plus rien à

apprendre aux jeunes hommes, tournés désormais vers un autre idéal? Hélas! la géographie et l'histoire nous indiquent au contraire avec une terrible évidence, que, tant que l'Europe sera politiquement vivante et occupera la première place dans le monde, les races diverses qui la composent lutteront avec les mêmes armes pour la suprématie ou pour l'indépendance. Les théories admirables que la France aura eu l'honneur de répandre ne lui profiteront pas, et tout fait présager que les Français encore dignes de ce nom ne verront point le jour où une race jeune et vigoureuse, en voie d'accroissement, s'arrêtera devant la volonté d'une plus faible et s'interdira une acquisition utile par respect pour la justice ou pour un Congrès international où les petits seraient naturellement en majorité.

O généreuse chimère de l'homme, qui cherche à se faire illusion sur son passé, sur son histoire d'hier, et qui rêve un dénouement incompatible avec ses origines si grossières et si humbles! N'oublions pas que nous sommes nés et que nous avons grandi dans la douleur et dans le sang, par la force; ne perdons pas de vue le point de départ de notre société, de toutes les sociétés qui se disputent, avec les lambeaux de la vieille Europe, leur place au soleil, leur droit à la vie! Les

religions promettaient le règne de la justice dans
un autre monde ; aujourd'hui, l'homme, plus
pressé, rêve la liberté, l'égalité et la fraternité sur
la terre : c'est toujours le même rêve, et l'âge
d'or, toujours promis, fuit devant nous comme
un mirage.

Peut-être, dans l'état futur du globe, alors que
l'Europe ne sera plus, comme l'Asie, qu'un cadavre, proie des races nouvelles, alors que notre
civilisation ne sera plus que cendre, alors que
de grandes républiques, isolées de tous côtés par
les mers, comme les États-Unis d'Australie, bril-
leront sur les continents vierges du Pacifique,
peut-être alors verra-t-on se réaliser ce beau rêve
de la paix et de la fraternité humaine ; peut-
être, « la guerre ayant tué la guerre », la lutte
pour l'existence changera-t-elle de forme entre les
peuples adultes comme entre les individus civi-
lisés, et deviendra-t-elle purement scientifique,
commerciale, industrielle ? Ceux qui travaillent
à préparer cet avenir, cet âge mûr de l'humanité, où la justice aura une plus large part,
ceux-là certes accomplissent une œuvre digne de
tous les respects ; mais le citoyen qui, de nos
jours, a la responsabilité de la conduite d'un
État serait coupable s'il sacrifiait à cet idéal la
moindre parcelle de l'intérêt public. Bien plus, s'il

est obligé de choisir entre le droit et la patrie,
est-ce qu'il sacrifiera la patrie? Rien ne peut être
plus douloureux pour un grand esprit que d'im-
moler le droit; mais rien, par là même, n'est plus
courageux. Telle est la rude destinée d'un Richelieu, d'un Frédéric : tout ce qu'ils ont perdu au
point de vue moral, leur patrie l'a gagné en
force et en gloire; plus l'artisan s'est durci et
sali les mains, plus l'édifice a été grand et solide.

Aussi jamais un sentiment de mépris ou de
haine ne pourra-t-il entrer dans notre âme envers ces grands travailleurs qui ont donné con-
sistance et unité à leur patrie au prix de leur
repos, de leur vie, parfois même de leur intégrité morale et de leur bonne renommée personnelle. Il nous semble que, plus on a été mêlé aux
affaires et aux hommes, plus on se rapproche
avec respect de ces chefs de nations dont le succès
offusque parfois les consciences délicates ; car,
comme l'a dit à la première ligne de ses Mémoires cette autre Allemande, contemporaine de
Frédéric, Catherine II : « La fortune n'est pas
aussi aveugle qu'on se l'imagine : elle est souvent le résultat de mesures justes et précises, non
aperçues par le vulgaire, qui ont précédé l'événement; elle est encore plus particulièrement un

4.

résultat des qualités du caractère et de la conduite personnelle. » Plus les peuples auront été
battus des révolutions et des guerres, plus ils
reconnaîtront que la grandeur de leurs destinées
dépend moins des lois écrites. des procédés méca-
niques des constitutions, des formules gouverne-
mentales et des programmes de partis. que de ces
lumières supérieures. de cet esprit politique qui
tient surtout à la fermeté du caractère, à la
clarté et à la rapidité des vues. à la possession
de soi-même qui fait éviter les fautes et profiter
de celles d'autrui. Pour nous. les injures dont on
abreuve ces grands hommes nous rappellent les
paroles de Thucydide : « Être haï, être odieux,
ç'a été le lot de tous ceux qui ont aspiré à l'empire sur les autres; mais quiconque brave cet
odieux pour de grandes choses, prend le bon
parti et n'a pas à s'en repentir. »

Ah! certes, nous comprenons qu'à ces figures
sévères, tourmentées, farouches parfois et cruelles,
on préfère la physionomie aimable d'un chef de
démocratie par raison éloquente, comme Périclès,
ou le visage honnête, simple et bon d'un libérateur et d'un fondateur de république comme
Washington; mais quoi! naît-on quand on veut?
choisit-on son moment pour éclore? Elles sont
trop rares, ces heures bénies où la cause de la

patrie se confond avec celle du progrès et de la justice, où le citoyen qui sert son pays sert en même temps l'humanité tout entière! Il faut un sourire de la fortune, une heureuse conjonction d'astres, pour briller dans cette élite des sages qui ont gouverné leurs semblables par les idées, par les sentiments les plus généreux : couronne du genre humain, ou, comme disait Pline l'Ancien, « fleur des mortels ».

Mais n'est-ce pas Périclès lui-même qui a dit dans l'Éloge des guerriers morts pour Athènes : « A ceux qui ont de moins bonnes parties, il est juste que la valeur déployée contre les ennemis de la patrie soit comptée en première ligne : car le mal disparaît dans le bien? »

Oui, nous ne sentons que trop ce qui manque à cette race dure et positive des Richelieu, des Frédéric : c'est l'étincelle de sympathie, le rayon d'enthousiasme et d'amour, *the milk of human kindness*. Leur horizon moral est relativement borné : mais, encore une fois, est-ce l'horizon de leur âme, ou celui de leur siècle? Frédéric, en jouant son rôle public, se sépare à chaque instant de cette destinée d'exception pour se regarder et pour juger sans indulgence les iniquités que sa fonction royale l'oblige à commettre. S'il est sarcastique, comme M. de Bismarck, s'il

trouve plaisir à mortifier ses courtisans, ses flat-
teurs, s'il est méchant, il n'est point mauvais.
Dans sa vie privée, il montre d'excellentes qualités de cœur. Rappelez-vous ses lettres à sa
sœur, la margrave de Bayreuth, avec qui il ne
fait « qu'une âme en deux corps »; celles à son
frère, si touchantes, sur la mort de son neveu
préféré, qu'il destinait au trône[1]; sa douleur
profonde quand il vient à perdre sa mère. Il y
a là des notes émues, douloureuses, humaines:
et ce n'étaient assurément ni son éducation ni
les exemples qu'il avait eus sous les yeux qui
avaient pu lui dilater le cœur!

Mais, s'il était resté toute sa vie le pur philosophe que les gens de lettres promettaient au
monde quand il monta sur le trône, quel mé-
diocre souverain il eût été! Il est triste d'avouer
qu'il ne faut pas être trop sage pour mener et
pour enlever les hommes ; ce n'est pas dans les
jardins de l'Académie ou au cap Sunium qu'on
apprend à gouverner les empires. Si l'âme du
philosophe reflète l'idéal, l'esprit du politique
doit s'ajuster à la réalité ; l'homme d'État se
doit conduire, non d'après tel ou tel préjugé
moral, mais d'après l'observation directe de la
vie. C'est Marc-Aurèle, le plus philosophe et

1. 26 mai, 9 juin 1767.

le plus humain des princes, qui, dégoûté à la fin de l'espèce humaine, comme tous ceux qui ont trop vécu avec elle, s'écriait : « Pauvres politiques, ceux qui prétendent régler les affaires sur les maximes de la philosophie ! Rêves d'enfants ! Homme, que peux-tu faire ? Ce que réclame le moment présent. N'espère point qu'il y ait jamais une république de Platon ! » Voilà le dernier mot de la sagesse couronnée. C'est exactement la parole de M. de Bismarck : « La politique est l'art de s'accommoder aux circonstances et de tirer parti de tout, même de ce qui nous déplaît. » Et, en effet, dans cette redoutable aventure, il n'y a aucune partie de la morale qui puisse être assurée contre le naufrage : il faut toujours prévoir le moment où Hobbes a raison contre Platon.

Relisons-la donc, cette *République* du divin Hellène, — nous y trouverons des plaisirs exquis ; — mais disons-nous bien que nous n'en serons jamais les ministres ! Gémissons sur les misères de l'homme, sur la barbarie des « siècles de lumière » ; indignons-nous avec Cicéron contre la parole fameuse d'Euripide : « S'il faut violer le droit, c'est pour l'empire et la domination, » c'est en haute matière d'État qu'il est beau de le faire ; rêvons pour nos descendants un avenir de

paix et d'amour; mais que si nous voulons sortir
de notre retraite philosophique et descendre
des sommets glacés de l'égoïsme intellectuel, que
si nous voulons nous dévouer à une œuvre pratique de civilisation et maintenir à travers les
âges la tradition illustre de nos pères, oh! alors
souvenons-nous des Richelieu, des Louvois, des
Frédéric; comme ces rudes athlètes, ne parais-
sons dans l'arène que bardés de fer, sous peine
de périr misérablement, nous et notre idéal!
Oui, réfutons Machiavel dans le silence du cabinet; mais, si nous ne voulons pas disparaître en
tant que nation, rappelons-nous qu'il s'agit, non
plus seulement de le réfuter, mais de le combattre et de le vaincre, et que les plus belles
maximes de la sagesse n'y sauraient suffire.

Ne soyons donc pas injustes envers ces héros
du passé qui peuvent encore nous servir de modèles. Surtout, n'ayons pas deux poids et deux
mesures; ne rabaissons et n'exaltons pas les uns
ou les autres, suivant qu'ils sont nés sur la rive
droite ou sur la rive gauche d'un fleuve. C'est là,
à nos yeux, le côté discutable du livre de M. de
Broglie, et, lorsqu'on a l'honneur de parler d'un
tel ouvrage, on manquerait tout à la fois à l'auteur, au public et à soi-même si l'on n'avait pas
la franchise de le déclarer. Nous eussions compris

cette extrême sévérité envers Frédéric II sous la plume d'un historien philosophe et humanitaire, d'un Michelet ou d'un Quinet, parce qu'elle eût fait partie de sa doctrine, de sa façon générale et systématique de considérer tous les faits historiques et de les rapporter à un principe moral. à une idée de progrès; nous la comprenons moins de la part d'un politique qui a été mêlé. de père en fils. aux affaires et aux hommes. qui a gouverné un grand pays et négocié en son nom.

Mais il est possible aussi que nous soyons tombé. à notre insu, dans l'excès contraire, et que nous ayons subi malgré nous. en un autre sens. l'influence des événements contemporains. Qu'on nous pardonne si, attristé par le spectacle d'une politique sans élévation, sans unité, sans nerf, où les intérêts permanents et les traditions les plus claires, les plus précieuses de notre pays ont été sacrifiés à de mesquines rivalités intérieures, à des ambitions de clocher[1]. où nous vivons au jour le jour, disputant sur des articles de Constitution, tandis que tout Français ne devrait avoir en tête que cette double idée : reconstituer l'armée, reconquérir des alliances, —

---

1. Ceci était écrit à la suite des affaires d'Égypte.

qu'on nous pardonne si nous avons montré trop
de sympathie pour ces hautes et énergiques
natures, vouées à une pensée unique, et qui, par
l'intelligence nette et large de la géographie
et de l'histoire, par la sagesse, la décision et la
constance de leurs desseins, ont su rendre leur
patrie puissante et glorieuse!

Si nous sommes heureux d'avoir un écrivain
aussi érudit, aussi perspicace, aussi éloquent que
M. le duc de Broglie pour porter la lumière dans
cette histoire du siècle passé, nous serions peut-
être plus heureux encore d'avoir, pour mener
notre politique extérieure au milieu des prochains
et inévitables déchirements de l'Europe, un esprit d'une trempe aussi ferme que ce militaire
diplomate qu'il juge avec tant de rigueur, et aux
actes duquel son patriotisme se montrerait sans
doute plus indulgent, si la France en profitait au
lieu d'en souffrir.

Voilà pour la politique prussienne.

VIII

Nous venons d'analyser la politique de la
Prusse; nous allons étudier celle de la France.
Le spectacle est le même; ce qui change, c'est la
place du spectateur. Nous nous trouvons ici en
présence de la thèse centrale du livre. Mais, avant
de l'exposer, qu'on nous permette une observation générale sur certaine tendance de notre
école historique contemporaine.

Depuis que l'alluvion de la science allemande
est venue, au commencement de ce siècle, féconi-
der et renouveler l'esprit français, comme avaient
fait, au dix-septième siècle, l'Espagne et, au dix-
huitième, l'Angleterre, l'érudition et la critique se
sont livrées à une vaste enquête dont nous ne

saurions trop admirer les résultats. On a aujour-
d'hui le goût des sources, la passion des documents originaux et inédits ; on ne se contente
plus de regarder à distance le décor de l'histoire
et les personnages qui occupent la scène : on
pénètre dans les coulisses, on veut voir les choses
par l'envers et examiner les grands hommes à la
loupe. Il suit de là qu'on choisit des sujets moins
étendus : les monographies n'ont jamais été plus
nombreuses, et même nous nous estimons trop
heureux lorsqu'un historien du premier ordre,
comme le duc de Broglie, se renferme modeste-
ment dans une période de deux années. A cette
recherche de la réalité exacte, nous gagnons en
précision et en expérience morale ; c'est l'avantage
inestimable de la nouvelle méthode. Mais elle
a bien aussi ses inconvénients, dont le premier
et le plus frappant est de supprimer l'espace,
l'air, le recul indispensable aux longues perspec-
tives et aux vues d'ensemble. On ne veut plus
aujourd'hui de récits à la Bossuet, à la Voltaire,
et ce qu'il y a parfois d'un peu artificiel dans
les considérations de Montesquieu même n'a pas
échappé à la sagacité de nos modernes critiques ;
mais n'allons pas tomber dans l'excès contraire,
et, par amour du détail, perdre le sens général
et le fil de l'histoire : car, si l'analyse appro-

fondie des actes d'un personnage nous fait mieux pénétrer la nature humaine. d'autre part l'intelligence supérieure des évolutions politiques et des rapports internationaux peut seule nous faire comprendre le caractère. les intérêts et la mission des différents peuples ; et cette seconde science n'est pas moins nécessaire que la première à la formation du jugement et à la connaissance de la vérité.

Certes, on ne saurait reprocher à M. de Broglie d'avoir négligé les idées pour les faits ; il a voulu au contraire tirer de son travail un enseignement, une conclusion politique. et il l'a fait avec l'éloquence habile de l'homme accoutumé aux grandes affaires et aux discussions de la tribune. Mais. dans cette conclusion même. il m'est impossible de ne pas apercevoir le défaut que je signalais tout à l'heure, et qui résulte de l'étroit espace où se meut l'historien. Si l'on se tient avec lui dans les bornes qu'il s'est fixées, entre le mois de mai 1740 et le mois de juin 1742, sa thèse peut paraître incontestable; si l'on jette un coup d'œil au delà, on trouve que, n'ayant pas une base assez large, elle est facile à ébranler [1]. Voici cette thèse :

1. Chapitre II.

En 1740, la France, au lieu de s'allier à la Prusse contre l'Autriche, aurait dû secourir Marie-Thérèse contre son agresseur. Cette politique eût été à la fois plus loyale et plus habile : plus loyale, parce que la France, au lieu de violer ses engagements, serait demeurée fidèle à sa parole, au traité glorieux par lequel elle avait garanti les droits successoraux de Marie-Thérèse ; plus habile, parce qu'elle eût été en droit de demander une compensation en échange de son appui.

De même que, deux années auparavant, Fleury, en permettant à cette princesse de prendre un époux de son choix, avait acquis la Lorraine, de même, en favorisant l'élévation de cet époux à la dignité impériale, il eût obtenu une concession analogue, quelque démembrement des Pays-Bas et du Luxembourg, et rapproché du Rhin notre frontière septentrionale.

« Hors de là, il ne restait plus à la France qu'un parti à prendre : c'était de violer tous ses engagements, sans provocation comme sans prétexte, et de se jeter tête baissée dans les hasards d'une agression continentale, à la veille d'une guerre maritime déjà presque allumée, le tout pour l'honneur d'un prétendant sans troupes comme l'Électeur de Bavière, et en compagnie d'un allié sans foi comme l'envahisseur de la

Silésie. Cette conduite avait la singulière fortune
de réunir tous les torts à tous les périls et l'im-
prudence à la déloyauté. Ce fut pourtant ce parti
qu'après réflexion la politique française embrassa.

» La cause principale et la seule excuse de cette
erreur coupable dont les conséquences durent
encore, ce fut l'influence exercée par le souvenir
de la longue lutte qui s'était engagée depuis des
siècles entre les maisons de France et d'Autriche. »

On se trompa d'époque : on se crut encore dans
cette période qui va du règne de François Iᵉʳ aux
dernières années de Louis XIV, alors que l'empire germanique nous cernait et nous menaçait
de toutes parts, alors que l'abaissement de l'Autriche était l'objet capital, le dessein permanent
de notre politique. On ne réfléchit pas que,
précisément parce que cette politique avait rempli
deux siècles de travaux et de gloire, ayant
atteint son but, elle avait fait son temps. On
ne comprit pas à quel point la guerre de
Trente ans, les traités de Westphalie et d'Utrecht
avaient modifié les forces respectives des puissances. Cependant les défaites successives de la
maison d'Autriche, le morcellement de l'empire,
l'accroissement continu de la maison de Brandebourg, la comparaison de leurs armées et de
leurs finances, les dernières paroles de Charles VI

invoquant, à son lit de mort, l'appui de la
France comme la suprême ressource de sa dynastie, tous ces faits auraient pu ouvrir les yeux
au Cabinet de Versailles sur le profond changement survenu dans l'équilibre des deux grandes
nations germaniques.

« Le plus grand hommage que Louis XV pût
rendre à ses prédécesseurs, c'était de reconnaître
(comme doit le faire aujourd'hui l'histoire) qu'ils
avaient conduit les revendications de la France
contre l'Autriche à ce point où, l'œuvre étant con-
sommée, il n'était ni nécessaire ni même prudent
de vouloir la pousser plus avant. Un regard jeté
en arrière suffisait pour montrer que, tout étant
fait dans cette voie, rien n'était plus à faire...
Envisagée de ce point de vue, la *Pragmatique
Sanction*, qui garantissait le *statu quo* territo-
rial de l'Europe, loin de détruire ou d'ébranler
les résultats de notre politique séculaire, en était
la confirmation, presque la consécration définitive. Cette vérité ne fut pas appréciée, peut-être
pas même aperçue, dans les conseils de Louis XV.
En tous cas, elle n'y fut pas présentée avec l'autorité qu'un jugement éclairé par la suite des
faits peut aujourd'hui lui reconnaître. »

Le premier effet de notre alliance avec Frédéric fut de rapprocher de l'Autriche l'Angleterre,

qui, en guerre avec l'Espagne, allait de nouveau
en venir aux mains avec nous. Elle ne pouvait
tolérer notre intervention dans les affaires d'Allemagne, intervention qui eût bouleversé à notre
profit l'équilibre européen :

« Il fallait bien s'attendre que la prétention de
la France à disposer de la couronne impériale
pour un de ses clients ne laisserait personne
indifférent en Europe. Cette tentative... devait
réveiller partout contre elle les rivalités que
la politique jusque-là caressante et timorée de
Fleury n'avait que momentanément endor-
mies. L'Angleterre, en particulier, ne pouvait
laisser de sang-froid découronner cette maison
d'Autriche, sa plus fidèle alliée dans les luttes
encore récentes. Les compatriotes de Malborough
ne pouvaient rester insensibles au sort des héritiers du prince Eugène, et l'intervention britannique était d'autant plus aisée à prévoir qu'au
même moment les relations, sinon des deux
Cabinets, au moins des deux peuples anglais et
français, et surtout des deux marines, s'aigris-
saient d'heure en heure. La guerre, déclarée avec
l'Espagne, menaçait à tout instant de s'étendre
à la France, et déjà, dans les parages lointains
de l'Océan, des croisières échangeaient par mé-
garde ou par anticipation des coups de canon.

Pour soutenir cette lutte ou pour la prévenir, l'intérêt évident de l'Angleterre lui commandait de saisir l'occasion qui lui était imprudemment offerte et d'ameuter contre l'ambition française toutes les puissances militaires et morales de l'Allemagne. C'était le cas de reformer cette coalition de forces et de haines sous laquelle avait fléchi un instant l'orgueil de Louis XIV; et puisque le petit-fils prétendait, lui aussi, à la prépondérance, l'heure allait venir d'organiser contre lui la même résistance que contre son aïeul. Mais, pour réaliser un tel dessein, un préliminaire était indispensable: c'était de réconcilier la Prusse et l'Autriche, afin de les unir dans l'effort commun. La paix à rétablir entre Frédéric et Marie-Thérèse devenait par là, du fait même de la France, un intérêt britannique de premier ordre et presque une affaire de salut européen. Frédéric pouvait désormais compter qu'il aurait à Vienne, dans l'ambassadeur d'Angleterre, un agent presque aussi ardent que le sien propre pour lui faire obtenir les concessions qu'il demandait et pour faire cesser à tout prix le trouble intérieur du corps germanique [1]. »

Enfin, voici la dernière page du livre:

[1]. I, p. 192.

« C'est là, en s'élevant à un point de vue encore plus général et plus étendu, l'enseignement
politique et moral qui ressort des faits dont nous
avons tracé le tableau. La suite le rendrait plus
évident encore aux yeux de ceux qui auraient
la patience d'en étudier le développement. Ce
n'était pas, en effet, pour ce jour-là seulement
ni pour l'issue d'une seule guerre, c'était pour
un plus long avenir que la France, en s'asso-
ciant à l'ambition de Frédéric (au lieu de
l'écraser dans son germe), avait porté à ses propres
intérêts, à sa grandeur future un coup dont elle
ne pouvait accuser qu'elle-même. Au sein de
cette vieille Europe, où elle jouissait d'une prépondérance incontestée, elle avait non pas seulement laissé, mais fait éclore une puissance nouvelle qui, jetant son épée de droite et de gauche
dans les deux plateaux de la balance, devait en
déranger pour jamais l'équilibre. Elle avait ouvert une ère de spoliations et de conquêtes qui,
commençant par la Silésie pour se continuer par
la Pologne, s'est perpétuée jusqu'à nos jours à
travers les vicissitudes de nos révolutions. et
dont, en définitive, nous avons souffert plus que
personne. Telle a été la conséquence, éloignée
sans doute, mais très directe, d'un acte initial auquel la prudence avait manqué encore plus que

la loyauté. Le châtiment, quelque grand qu'il soit, peut paraître mérité. A la vérité, si on voit de quelle faute la France fut alors punie, il est moins aisé de reconnaître de quelles vertus d'autres ont été récompensés. Entre Fleury et Frédéric, tous deux coupables — à des degrés différents — du même méfait, on s'étonne de voir l'un recueillir le fruit de son audace au moment où l'autre paye chèrement le prix de sa faiblesse. De tels contrastes choquent souvent nos regards dans le tableau confus des affaires humaines. La Providence ne nous dit point dans quelles vues mystérieuses elle exerce ici-bas sa sévérité par des dispensations que notre esprit borné trouve parfois irrégulières et inégales. Heureusement, si elle éprouve ainsi notre foi dans sa justice, elle prend soin en même temps de la raffermir par des traits inattendus et éclatants. C'est ainsi que, dans le récit même qui a passé sous nos yeux, si de scandaleuses prospérités affligent les amis du droit, le noble exemple de Marie-Thérèse, ramenant à force d'intrépidité la fortune du côté de l'innocence et de la faiblesse, console les consciences troublées et venge la moralité de l'histoire [1]. »

Voilà la thèse, et voilà la conclusion.

1. Chapitre VI.

Au premier abord. c'est fort séduisant. et, si l'on se tient au cadre que l'auteur s'est tracé. cela parait juste. Mais. s'il nous plaît d'en sortir et de pousser au delà. à quelques années de distance. que voyons-nous ?

Est-ce que tout le système de M. de Broglie. le système de l'alliance austro-française. — auquel personne. en France, n'eût songé alors. — n'a pas été appliqué. sous l'influence de madame de Pompadour et après le renvoi de MM. d'Argenson et de Machault. d'abord. en 1756 par l'abbé de Bernis. puis en 1758 par le duc de Choiseul? Est-ce que. dans la guerre de Sept ans, la France n'a pas combattu avec l'Autriche. la Russie et la Saxe, contre la Prusse? Et est-ce que cette politique nouvelle. qui intervertissait l'ordre séculaire des alliances en Europe et qui rompait avec les traditions de Henri IV. de Richelieu, de Mazarin, est-ce que cette politique nous a mieux réussi que l'autre?

Tout le dessein développé par M. de Broglie est précisément celui que l'ambassadeur de Marie-Thérèse, le jeune et brillant comte de Kaunitz, envoyé à Versailles en 1748. défendit pendant huit années auprès de Louis XV, de ses ministres et de sa favorite, et finit par faire prévaloir.

« Le comte Kaunitz. dit Frédéric dans l'*Histoire*

de la Guerre de Sept ans, travailla avec assi-
duité à faire revenir les Français de cette haine
irréconciliable qui, depuis François Iᵉʳ et Charles-
Quint, subsistait entre les maisons de Bourbon
et de Habsbourg. Il répétait surtout aux ministres
que l'agrandissement des Prussiens était leur
ouvrage, qu'ils en avaient été payés d'ingratitude
et qu'ils ne tireraient aucun parti d'un allié qui
n'agissait que pour son propre intérêt... Ces
idées parurent d'abord bizarres à une nation qui
avait pris l'habitude, par une longue suite de
guerres, de regarder la maison impériale comme
son ennemie perpétuelle. Mais elles firent du
chemin... », etc.

Ainsi, tous les raisonnements que M. de Broglie fait aujourd'hui platoniquement, pour le
compte de l'histoire, M. de Kaunitz les faisait
alors, dans un dessein tout pratique, pour le
compte de son pays.

Seulement, le traité de Versailles, qui vint cou-
ronner ses efforts et qu'il regardait à bon droit
comme le chef-d'œuvre de sa politique, ce traité
conforme aux conclusions de notre historien, au
lieu de profiter à la France, ne profita qu'à
l'Autriche : nous eûmes tout le fardeau, et elle
tout l'avantage de la combinaison, et nous fûmes
dupes de Marie-Thérèse comme nous l'avions été

de Frédéric. C'est que l'Autriche, comme la
Prusse, était gouvernée, et que la France ne
l'était pas : voilà la question véritable.

Dira-t-on qu'au moment où Bernis et Choiseul
adoptèrent la politique de l'alliance autrichienne,
(madame de Pompadour ayant été blessée par
les sarcasmes de Frédéric et séduite par les flat-
teries de Marie-Thérèse), il était déjà trop tard
pour réparer le mal et pour barrer le chemin à la
jeune puissance dont nous avions si imprudemment favorisé les progrès? L'argument ne résis-
terait pas à l'examen des faits qui suivirent, puisque, dans la guerre de Sept ans, Frédéric, aux
prises avec les trois femmes dont il s'était attiré
la haine, madame de Pompadour, Marie-Thérèse
et Élisabeth, et succombant sous la formidable
coalition de toutes les forces continentales, re-
perdit la Silésie, fut rejeté en Saxe, et vit sa
capitale envahie et pillée par les Cosaques.

Si l'alliance prussienne avait ses inconvénients,
l'alliance autrichienne avait aussi les siens, qui,
certes, n'étaient pas minces. M. de Broglie estime
que, l'Autriche étant dès lors suffisamment
abaissée, nous eussions dû la garantir contre
l'ambition de sa jeune rivale ; ne pourrait-on
pas retourner l'argument, et soutenir que, si
l'Autriche était au point voulu, il ne fallait pas

lui permettre d'en sortir ni l'aider à se relever? Elle craignait au moins autant que la Prusse notre prépondérance; Marie-Thérèse n'éprouvait pas moins de mépris que Catherine et Frédéric pour Louis XV, ses ministres et ses maîtresses; et la guerre de Sept ans montra d'une façon assez éclatante ce que nous pouvions attendre de « la sangsue de la France »! Son amitié nous a coûté bien plus cher que celle de Frédéric : nous l'avons payée de la perte de toutes nos colonies !

M. de Broglie a développé très ingénieusement cette pensée que, en se rapprochant de Berlin, la France rapprochait du même coup de la Cour de Vienne le Cabinet de Londres, intéressé à unir toute l'Allemagne contre nous, et par conséquent à réconcilier tout d'abord la Prusse et l'Autriche. Cela est vrai; mais, de quelque côté que nous nous fussions tournés, est-ce que l'Angleterre n'aurait pas manœuvré contre nous en tous cas ? Du moment que nous aurions tendu la main à Marie-Thérèse, cette puissance se serait mise aussitôt avec Frédéric, comme elle devait le faire dans la guerre de Sept ans. Donc, ici encore, je ne vois pas l'avantage de l'alliance autrichienne.

Dans l'opinion de M. le duc de Broglie, les

événements de 1870 sont « la conséquence éloignée, mais très directe », de ceux de 1740, et
l'affaire de Silésie est la cause première de nos
récents désastres. Dans notre opinion, à nous,
non seulement la France aurait pu, en 1740,
tirer profit indifféremment de l'alliance prussienne ou de l'alliance autrichienne si elle avait
eu à sa tête un homme d'initiative et de volonté ;
mais, même après toutes les fautes de Fleury,
elle aurait pu encore, en mainte occasion, réparer le mal et arrêter net le péril prussien.

Lorsque, en 1778, Joseph II, associé par Marie-Thérèse, sa mère, au gouvernement de l'Empire, et désireux de s'illustrer à n'importe quel
prix, envahit la Bavière sans motif, sans droit,
exactement comme Frédéric avait envahi la Silésie, et lorsque celui-ci, saisissant le beau rôle
qui s'offrait, prit à son tour la défense des libertés
germaniques et du droit public européen, Marie-
Thérèse fit tous ses efforts, avec l'aide de Marie-
Antoinette, pour obtenir une démonstration de
Louis XVI ; mais MM. de Vergennes et de Mau-
repas se souciaient fort peu de favoriser l'ambition de l'Autriche et de se lancer dans une aventure continentale au moment où la France était
en lutte avec l'Angleterre. La question se posait
donc pour eux à l'égard de Vienne comme elle

s'était posée pour Fleury et pour Belle-Isle en
1740; et, à la fin comme au début du règne de
Frédéric, l'opinion, en France, était toute en sa
faveur. C'est qu'en effet, l'Autriche était encore
pour nous une ennemie autrement redoutable
que la Prusse : elle restait notre grande ennemie
continentale, comme l'Angleterre notre grande
ennemie maritime.

Il en fut de même pendant toute la durée de la
Révolution et de l'Empire. L'œuvre de Frédéric
fondit presque aussitôt entre les mains de son
successeur, Frédéric-Guillaume II, ce bigot into-
lérant, voluptueux et fantasque, entouré de char-
latans et d'aventuriers, dont M. Albert Sorel
retraçait naguère, avec son talent accoutumé, la
pitoyable histoire [1]. En 1795, le Comité de Salut
public accomplit un acte excellemment politique
en contractant alliance avec la Prusse vaincue.
Le traité de Bâle fut un des faits diplomatiques
les plus glorieux de la Révolution et la plus
grande faute de Frédéric-Guillaume II, puisqu'il brisait la coalition, préparait le démembrement de l'Allemagne, isolait la Prusse de l'Europe monarchique et la donnait pour première

1. La décadence de la Prusse après Frédéric II. *Revue
des Deux Mondes* (15 janvier 1883.)

alliée à la Révolution victorieuse. Ainsi, plus d'un demi-siècle après la conquête de la Silésie par Frédéric, la Prusse était encore un atout dans notre jeu. Napoléon n'eut pas de meilleure carte jusqu'à la mort du duc d'Enghien, en 1803, et même après Austerlitz, lorsqu'il la sépara de nouveau de la coalition en s'alliant avec elle par le traité de Schœnbrunn.

Pendant les premières années de son règne, Napoléon, tournant tous ses efforts du côté de la mer, et obligé de chercher un point d'appui sur le continent, ne put le trouver qu'à Berlin : l'Espagne était déchue, l'Italie en lambeaux, la Russie jalouse, l'Autriche irréconciliable, tout enflammée par le désir de la vengeance et par l'esprit de l'ancien régime, tandis que la Prusse, placée assez loin du Rhin, jouant parmi les vieux gouvernements le rôle d'une parvenue, représentait en Allemagne la révolution, l'esprit nouveau, et n'avait que des intérêts contraires à ceux de l'Autriche, analogues à ceux de la France.

Et enfin, lorsque la politique de M. d'Haugwitz fut abandonnée, lorsque la Prusse, commettant en 1806 la faute que nous devions commettre en 1870, entra en lutte avec nous après s'être isolée de l'Europe et privée de toute alliance, on vit bien à quel point nous étions encore les

maîtres : que restait-il en 1807 de l'œuvre du
grand Frédéric ?

Dira-t-on qu'au point de vue particulier où
nous nous plaçons, au point de vue des rapports
entre la Prusse et la France, Iéna a été un fait
purement accidentel, et qu'en somme le bouleverse-
ment napoléonien n'a pas modifié sensiblement
les termes du problème, les forces respectives
des parties ? — Soit ; mais en 1814, après l'entrée des alliés à Paris (comme en 1741, après
l'invasion de la Silésie par Frédéric, comme en
1778, lors de l'invasion de la Bavière par
Joseph II, comme en 1795, lors du traité de
Bâle, comme en 1805, lors du traité de Schœnbrunn), l'opinion publique, en France, demeurait
encore bien plus hostile à l'Angleterre, à l'Autriche, à la Russie, qu'à la Prusse. « La Prusse,
disait-on à Paris, est un tampon entre la Russie
et la France. » Et voici un fait bien curieux, qui
montre à quel point nos hommes d'État les plus
expérimentés, nos historiens les plus sagaces
diffèrent d'avis sur la politique que nous aurions
dû suivre à l'égard de Berlin (jusqu'à Sadowa,
bien entendu ; car, à partir de ce moment, tout
le monde est d'accord) : M. Thiers, racontant, au
livre LVI de son ouvrage, l'histoire du Congrès
de Vienne, a continué à se prononcer contre

l'alliance austro-anglaise pour l'alliance prusso-
russe, et a vivement blâmé Talleyrand d'avoir
adopté la première. Nous apprécierons ici
même [1] les deux politiques, et nous nous pro-
noncerons pour celle de Talleyrand contre celle
de M. Thiers, parce qu'il nous paraît qu'après
les défaites de l'empereur, l'alliance prussienne
eût présenté plus d'inconvénients que d'avantages, et que, pour obtenir quelques concessions
territoriales à l'est, nous eussions contribué à
hâter d'un demi-siècle l'œuvre de l'unification
allemande. Oui, nous croyons que M. de Talleyrand avait mille fois raison de dire de la Prusse,
en 1814 : « Voilà l'ennemi ! » Mais, n'est-ce pas
un fait bien remarquable, que M. Thiers, jugeant
les événements de 1814 en 1860, au lendemain
de la guerre d'Italie, à la veille de l'affaire des
duchés, ait consacré tout un livre d'une admirable éloquence à soutenir cette thèse : que, s'il
avait été au Congrès de Vienne à la place de
Talleyrand, il eût recherché l'alliance prussienne?

C'est qu'en effet ce point de départ de nos
malheurs, que M. de Broglie fait remonter à la
crise de 1740 et à l'affaire de Silésie, on pourrait le placer avec autant et plus de raison en

1. Voir plus loin : *Talleyrand au Congrès de Vienne.*

1855 et en 1859, lors des guerres de Crimée et
d'Italie, en 1864 et en 1866, lors des campagnes
de Danemark et de Bohême. Le jour où nous
avons permis au Piémont de prendre rang dans
le concert des grandes puissances par son intervention dans la guerre de Crimée et par sa présence au Congrès de Paris, le jour où nous avons
jeté à Magenta les fondements de l'unité italienne,
ce jour-là, en faisant descendre l'Autriche du
premier rang au second, nous avons assuré à la
Prusse la prédominance en Allemagne. Suivant
la prédiction de M. Thiers, l'unité italienne a
été la mère de l'unité allemande.

La rivalité de la France et de l'Autriche n'a
cessé et ne pouvait cesser véritablement que le
le jour où l'Italie était mise hors de cause et
devenait indépendante : tant que la péninsule
divisée restait une proie offerte à l'ambition de
ces deux puissances, l'Autriche demeurerait nécessairement notre ennemie. La Prusse n'a commencé à se substituer à elle et à devenir le
champion de l'Allemagne contre nous que le
jour où nous avons créé l'Italie aux dépens de
l'Autriche et détruit l'équilibre nécessaire entre
les deux grandes nations germaniques.

Mais, même après la guerre d'Italie, si nous
avions obligé la Prusse, comme nous le pou-

vions et comme nous le devions, à rester ce
qu'elle était en 1861, à la mort de Frédéric-
Guillaume IV. nous n'en eussions rien eu à craindre. Ce n'est qu'à partir de l'affaire des duchés
et de Sadowa que sa puissance a commencé à
devenir menaçante pour le repos de la France
et pour l'équilibre de l'Europe. C'est Napoléon III
qui, en tolérant le démembrement du Danemark
malgré les offres formelles de concours que lui
fit l'Angleterre, en encourageant les desseins de
la Prusse contre l'Autriche et en poussant le
Cabinet de Florence à soutenir celui de Berlin,
a préparé avec un soin et une sollicitude si
extraordinaires, qu'ils semblent tenir de la mo-
nomanie, cette combinaison compliquée, difficile, inouïe : la France, coupée de toutes ses
alliances, isolée de toutes les nations, de la
Russie par le traité de Paris, de l'Angleterre par
l'affaire du Sleswig, de l'Autriche et de l'Italie
par Sadowa ; la France, formant lentement,
pièce à pièce, pendant quinze ans, contre elle-
même, un formidable faisceau de ressentiments et
de haines, et enfin, allant tendre son col nu aux
coups du formidable ennemi qu'elle a armé de ses
propres mains! Cette politique du second empire
fait l'effet d'une partie à qui perd gagne, d'une
gageure tenue avec une application savante pour

l'abaissement de notre pays. La plus belle carte
que la Prusse ait eue dans son jeu est certainement Napoléon III. Nous n'aurions pas eu besoin d'un homme de génie pour lutter contre
M. de Bismarck : il eût suffi d'un homme de bon
sens pour arrêter le péril en 1864 avec le concours de l'Angleterre, en 1866 avec le concours
de l'Autriche.

On voit par là pourquoi nous ne saurions,
quant à nous, faire remonter jusqu'au dix-
huitième siècle la cause de nos récents échecs.
Nous plaçons le pivot de la politique française
à l'égard de l'Allemagne non en 1741, mais en
1864 et en 1866. M. de Broglie, dans ses éloquentes conclusions, a visiblement subi l'influence des événements contemporains : il n'est
point douteux qu'elles eussent été très différentes
si, au lieu d'écrire en 1882, il avait jugé la
crise de 1741 en 1864, avant les premiers
grands coups de M. de Bismarck. Cela suffit à
marquer ce qu'on y peut trouver de discutable.

X

A nos yeux, il y a ici une question qui domine celle des alliances, c'est la question de gouvernement. La France, sous Louis XV, s'est rangée tantôt du côté de la Prusse, tantôt du côté de l'Autriche; elle a toujours été dupée et battue parce qu'elle n'était point gouvernée. Supposez, en 1741, Richelieu, Mazarin ou Louvois à la place de Fleury, il est évident qu'à l'une ou l'autre alliance, ou même à une neutralité adroite (telle que la pratiqua la grande Catherine), nous eussions gagné les Pays-Bas : c'était là le seul point essentiel. Il importait assez peu alors que notre point d'appui fût à Berlin, à Vienne, ou entre les deux, pourvu qu'on adoptât franchement un

parti et qu'on en poussât les conséquences jusqu'au bout.

Aussi bien, tandis que M. le duc de Broglie
attribue notre échec de 1741 au choix d'une alliance impolitique, nous serions plutôt tenté d'en
voir la cause dans la nature même des deux
jeunes monarques qui portaient alors la responsabilité du pouvoir, en Prusse et en France.
Peut-on imaginer un contraste plus frappant, et
plus douloureux pour notre patriotisme? Là, un
homme d'action doublé d'un homme d'étude,
penseur, écrivain et soldat, élevé à la rude et
salutaire école de la défiance, esprit ouvert à
tout, volonté de fer, logique intrépide, vigilance
infatigable, héroïque et dévorant labeur pour une
seule pensée : la grandeur de la patrie. Ici, le
Bourbon dégénéré, sans nerf, sans franchise, sans
honneur, qui avoue la décadence du royaume et
qui en prend son parti, âme misérable, « cœur
de cire », eût dit Richelieu; grand enfant mené
à la lisière par un vieillard, et qui ne sort des
mains de son précepteur que pour aller rouler
aux bras de ses maîtresses. Frédéric disait de
Louis XV : « Il n'a de défaut que celui d'être
roi. » Et Louis XV disait de Frédéric : « C'est
un fou qui risquera le tout pour le tout et qui
peut gagner la partie, quoique sans religion, sans

mœurs et sans principes. » Louis XV, apparemment, s'en croyait davantage !

Notre pays, en 1740, ne manquait point d'hommes : nous avions des gens d'initiative et de bon conseil, comme Chauvelin et Beauvau : mais tout dépendait du roi, et le roi n'avait pas la force de prendre les instruments qu'il avait sous la main. Nos destinées tombèrent à la merci de deux hommes également funestes par des défauts tout opposés, Fleury et Belle-Isle : l'un, sans autre vue que de rester au pouvoir jusqu'à sa mort, sans idée de gouvernement, se laissant glisser au hasard des circonstances, « ce qui est, disait Richelieu, a pire chose en politique, où il n'est rien de tel pour conserver sa réputation, affermir ses amis et effrayer ses adversaires que l'unité d'un même esprit et la suite des mêmes desseins et moyens »[1] ; l'autre, esprit aventureux et chimérique, comme tous les Fouquet, visant au grand, à l'extraordinaire, ayant « plus d'idées que de jugement, plus de feu que de force »[2]. Il semble que ce règne de Louis XV ait été le règne des faux grands hommes. Fleury,

---

1. Le duc de Broglie a tracé un fin portrait de Fleury. Cf., sur ce personnage, les Mémoires du marquis d'Argenson et du duc de Luynes.

2. D'Argenson.

Belle-Isle, le maréchal de Noailles, le duc de Choiseul même, — on ne peut parler des autres ! —
étaient tout en surface et n'avaient de la grandeur que l'apparence, comme la monarchie elle-
même : de l'édifice qui tombait en ruines, la façade seule restait debout.

Il arriva à la France, après Louis XIV. ce qui
devait arriver à la Prusse après Frédéric : Frédéric-Guillaume II perdit l'œuvre de son oncle
comme Louis XV avait perdu l'œuvre de son
aïeul. L'une et l'autre nation a grandi ou décliné
en proportion même de l'intelligence et de l'énergie politiques déployées par ses chefs. Réservons
donc nos sévérités pour les souverains indignes.
pour les ministres et les généraux incapables, et
rendons justice à ceux qui ont accompli leur
mission avec honneur. Que les Prussiens, au lieu
de flétrir Louis XIV et Napoléon, gardent leurs
rigueurs pour Frédéric-Guillaume II ; Français,
au lieu de flétrir le grand Frédéric et M. de
Bismarck, gardons les nôtres pour Louis XV et
Napoléon III. Ce sera plus équitable, et aussi plus
habile, parce que, en rabaissant ses rivaux, on
se rabaisse soi-même.

J'ajoute que, lorsqu'on laisse prendre à son
patriotisme le ton et les allures de l'esprit de
parti, on risque de défigurer l'histoire. M. de

Broglie, par cela même qu'il a voulu accabler
Frédéric, a constamment exalté Marie-Thérèse,
non seulement au point de vue politique, ce qui
est tout naturel, mais aussi au point de vue
moral, ce qui, de sa part, peut nous étonner. Eh
quoi! le fond moral est-il donc si différent dans
l'un et l'autre règne? A coup sûr, s'il y a quelque
différence apparente, ce n'est pas la France qui en
a profité. Serait-ce la Pologne? Ah! sans doute,
Marie-Thérèse écrivait pour son compte d'admirables maximes : « Un prince n'a d'autre droit que
tout autre particulier » : — « Passons plutôt pour
faibles que pour malhonnêtes » : mais quand on
arriva au fait et au prendre : « Tâchons, dit-
elle, de diminuer les prétentions des autres,
au lieu de partager avec eux à des conditions
si inégales. » On connaît le mot de Frédéric :
« Elle pleurait et prenait toujours. » Et comment
n'aurait-elle pas pris, une fois que la Prusse et
la Russie étaient d'accord? Dans ses douces ré-
sistances, dans ses pieux scrupules, il y aurait
aussi à faire la part de l'intérêt politique, de la
raison d'État : Frédéric n'avait inventé le partage
de la Pologne que pour détourner la question
d'Orient et pour empêcher le démembrement de
la Turquie par la Russie et l'Autriche; si l'on
avait offert à Marie-Thérèse, au lieu d'un mor-

ceau de la Pologne, un morceau de l'empire ottoman, il est probable qu'elle l'eût accepté avec
plus d'empressement et de sérénité.

Enfin, le pendant à l'invasion de la Silésie
par Frédéric, c'est l'invasion de la Bavière par
Joseph II en 1778. Les rôles, alors, sont retournés : Marie-Thérèse termine son règne comme
Frédéric a commencé le sien, par une usurpation ; et le généreux, le philanthrope Joseph II
semble avoir pris pour modèle, à ses débuts, le
sceptique rival de sa mère. Je ne vois pas bien
en quoi ces faits « vengent la moralité de l'histoire ». Je vois que Marie-Thérèse, dans ses
lettres à Marie-Antoinette, essaye de rejeter tous
les torts et la responsabilité de cette guerre sur
le roi de Prusse, pour obtenir l'appui de la France
dans sa tentative d'usurpation ; et je me demande
si ce manque de sincérité vaut beaucoup mieux
que le cynisme de Frédéric ?

Mais il est un point où la supériorité morale
de l'homme éclate en pleine lumière : c'est dans
les jugements qu'il porte sur sa noble et héroïque
ennemie. A travers leurs luttes incessantes, il sait
la comprendre, il la respecte et l'admire, il lui
rend l'hommage le plus éclairé, le plus digne ; il
tient déjà sur le patriotisme, l'humanité, la grandeur d'âme de la glorieuse souveraine le lan-

gage de l'impartiale postérité : « Grande femme, dit-il, faisant honneur à son sexe et au trône. » Elle, au contraire, ne sait pas contenir sa colère et sa rancune contre son dangereux voisin ; elle le regarde « comme le mal en personne, comme un hérétique, un esprit diabolique et pervers ». « On a beau faire, on a beau être le *roi* Marie-Thérèse, on reste femme par un coin.[1] » N'allons pas l'imiter en cela, et nous diminuer en partageant ses passions !

Vous saisissez en quoi les conclusions de M. de Broglie nous paraissent partiales, et partielles : deux défauts qui résultent l'un de l'autre.

Puisqu'il tenait à tirer de son récit une moralité, il aurait pu rappeler que cette invasion de la Silésie pesa lourdement sur tout le règne de Frédéric, qu'il se vit obligé de la reconquérir à diverses reprises et de combattre l'Europe entière avant de la conserver définitivement, qu'il dut rétablir à force d'habileté et de bravoure ce que son ambition avait commencé par compromettre, et qu'enfin, sans des prodiges d'héroïsme et de génie, il eût péri dans le feu qu'il avait allumé. S'il y avait faute au point

---

1. Sainte-Beuve, *Nouveaux Lundis*, tome IX.

de vue moral, il l'a rachetée par deux et trois
fois, et à quel prix, et à travers quelles angoisses,
quelles poignantes vicissitudes!

XI

Mais, au lieu d'une leçon morale, il nous paraîtrait plus expédient de tirer de ce beau livre un enseignement tout politique, tout pratique, et ce n'est certes pas son moindre mérite que d'exciter l'esprit à des comparaisons qui peuvent nous être directement utiles, aujourd'hui encore.

En effet, si, en se plaçant au point de vue des intérêts prussiens, on avait un reproche à faire au plus illustres des successeurs de Frédéric, ce serait, non d'avoir reproduit à un siècle de distance les procédés diplomatiques du grand roi, mais, au contraire, de s'être écarté sur certains points de la ligne que celui-ci avait marquée et suivie. On peut dire, en un sens, que les parties faibles et vacillantes de l'œuvre de M. de Bismarck, soit à l'intérieur, soit à l'extérieur, sont précisément celles qui ne reposent pas sur le plan tracé par Frédéric et sur les fondements qu'il avait jetés.

La pensée profonde de ce monarque était de faire de la Prusse, non seulement une puissance politique et militaire de premier ordre, mais aussi une nation moralement et intellectuellement grande. En face du Saint-Empire de Charles-Quint et de la France de Louis XIV, en face de l'esprit théocratique du moyen âge, la Prusse protestante représentait l'esprit nouveau, l'esprit de tolérance religieuse et d'indépendance philosophique. La question de la liberté de conscience était tranchée dans le pays de Leibniz, elle ne l'était point dans le pays de Voltaire. Toute la fin du règne de Louis XIV, depuis la révocation de l'Édit de Nantes et les Dragonnades, avait été flétrie par de monstrueuses iniquités, sous l'action triomphante des Tartufes. Au lendemain de la Régence, en 1724, le duc de Bourbon, en arrivant au ministère, avait renouvelé les anciens Édits contre les protestants, et fait hommage à la mémoire de Louis XIV des cruautés

qui inauguraient le règne de Louis XV [1]. Tandis
qu'en France « les prédicateurs de la religion
réformée étaient condamnés à la peine de mort,
les femmes à être rasées et enfermées pour toujours, les malades qui refusaient les sacrements
au bannissement perpétuel ou à la claie », tandis
que le mariage entre protestants était assimilé
au concubinage etc., etc. (je cite le texte de
l'Édit de 1724), en Prusse, toutes les opinions,
toutes les doctrines pouvaient se manifester au
grand jour. « La persécution religieuse était in-
connue, dit Macaulay, à moins qu'on ne regarde
comme une exception quelques restrictions ab-
surdes et injustes qui pesaient sur les Juifs. La
conduite du roi envers les catholiques de Silésie
faisait, dans des circonstances analogues, hono-
rablement contraste avec la politique longtemps
pratiquée par l'Angleterre envers les catholiques
irlandais. Toutes les formes de religion et d'irré-
ligion trouvaient un asile dans ses États. L'impie
que le Parlement de France avait condamné à
une mort cruelle recevait comme consolation un
brevet dans l'armée prussienne. Le jésuite qui
ne pouvait montrer sa face nulle part, qui était

---

1. Voir, sur l'Édit de 1724, Guizot, *Histoire de France*,
tome V, p. 61-67.

soumis à des lois pénales en Angleterre, qui
était proscrit par la France, l'Espagne, le Por-
tugal et Naples, qui avait été abandonné par
le Vatican même, trouvait en Prusse la sécurité
et des moyens de subsistance qui lui manquaient
partout ailleurs. » On enseignait le déisme et le
matérialisme dans les chaires des universités; la
parole et lapresse étaient libres. Enfin Frédéric
travailla activement à doter son peuple d'une
justice prompte et peu coûteuse, et eut le premier
l'honneur d'abolir la torture.

A ce point de vue, on peut dire qu'il a partici-
pé, dans le domaine de l'action, à la même
œuvre que Leibniz dans le domaine de la pensée.
et qu'il a coopéré à sa manière au grand mouvement philosophique de l'Allemagne; on peut
dire que Frédéric et Voltaire ont travaillé parallèlement, et par des moyens divers, au progrès
de la tolérance et de l'humanité. Ces principes
étaient pour le roi de Prusse des instruments
de règne, je le veux bien; mais ils faisaient partie de sa haute et indépendante nature[1].

---

1. Il poussait le goût de la liberté jusqu'à la coquetterie.
On connaît ces anecdotes : Un jour qu'on avait affiché en
vue des fenêtres de son palais un placard offensant pour
lui, il donna l'ordre de le mettre plus à la portée du public; afin que tout le monde pût le bien lire. « Mon peuple

Frédéric sentait que les intérêts matériels ne peuvent suffire à l'activité d'un peuple, et qu'une race doit représenter une idée, une puissance morale, pour jouer dans le monde un rôle durable. Ce rôle, il en marqua le dessein à la Prusse lorsqu'il se posa en champion de la liberté de l'Allemagne contre l'Autriche, et de la liberté de conscience contre la théocratie. Il était tellement dans le vrai, que Frédéric-Guillaume II. en prenant le contre-pied de cette politique, en rendant les Édits de 1788 contre la liberté de conscience et la liberté de la presse, en faisant prévaloir les maximes du moyen âge et l'esprit de l'Inquisition, amena la décadence rapide du royaume ; et qu'au contraire, après Iéna, les réformateurs prussiens ne purent mieux faire, pour le régénérer, que de revenir à la politique du grand roi et aux idées du xviiie siècle.

Frédéric ne rêvait pas seulement pour sa patrie

et moi », dit-il « nous avons fait un arrangement qui nous satisfait également : il peut dire tout ce qu'il lui plaît, et moi je peux faire tout ce qu'il me plaît. » Un libraire ayant envoyé à son palais un exemplaire du pamphlet le plus mordant peut-être qui eût jamais été écrit, les *Mémoires de Voltaire*, publiés par Beaumarchais, et ayant demandé les ordres de Sa Majesté : « Ne l'annoncez pas d'une façon choquante, dit le roi, mais vendez-le autant que vous pourrez ; j'espère qu'il vous vaudra quelque argent. »

un grand rôle moral ; il voulait lui assurer aussi
un grand rôle intellectuel. Élevé par un Français.
il nous prit ce que nous avions de plus précieux.
notre goût pour les lettres, les sciences, les arts.
notre libre esprit philosophique ; il choisit pour
alliés. pour amis. ces grands écrivains que
Louis XV ne comprenait pas et dédaignait. Voltaire, sur lequel M. de Broglie s'est acharné autant
que sur Frédéric. Voltaire sentait que, sans une
réforme profonde. c'en était fait de la France :
il mettait donc au-dessus de tout le triomphe de
idées nouvelles, et. comme il ne pouvait espéré
aucun secours d'un prince naturellement fermé
tout dessein de réforme et à toute idée littéraire
il était réduit à chercher des points d'appui au
dehors. Ainsi l'indifférence coupable et l'étroi-
tesse d'esprit de l'indigne petit-fils de Louis XIV
plaçaient le génie français dans cette triste alter-
native, d'être parfois infidèle à l'intérêt de la
France en demeurant fidèle à la cause d'une révolution pressentie, ou réciproquement.

M. de Broglie apprécie les relations de Voltaire
avec le roi de Prusse (pendant cette campagne
où celui-ci avait commencé par être notre allié),
à peu près comme nous jugerions la conduite
d'un Français qui, en 1870, fût allé offrir son
épée ou sa plume à M. de Bismarck ; nous vou-

drions un peu plus de nuances dans l'étude d'une situation et de caractères si complexes, ou tout au moins, nous serions heureux que l'historien eût gardé pour Louis XV et pour Fleury un peu de ce mépris et de cette indignation patriotiques qu'il n'a marchandés ni à Frédéric ni à Voltaire.

Si Frédéric-Guillaume II, en cela comme en tout le reste, eût saisi la grande pensée de son oncle : si, comme lui, il eût continué de prendre à la France ce qu'elle avait de mieux, sa passion des lettres et des arts, son culte du beau, avec ses idées généreuses et ses instincts de justice, au lieu de lui prendre ce qu'elle avait de pire, ses vices, sa corruption, sa fausse sensiblerie à la Jean-Jacques, le génie allemand se fût poli, aiguisé au contact du génie français, à peu près comme le sens judicieux et solide des Romains fut affiné par l'âme légère de la Grèce; Berlin eut pu prétendre à devenir à son tour une de ces cités lumineuses, une de ces villes qui, comme Athènes, Rome, Paris, Londres, ont été non seulement les capitales d'une nation, mais les patries de l'esprit humain.

Que reste-t-il aujourd'hui de cet admirable dessein ébauché par le génie de la raison? M. de Bismarck, qui a renoué les traditions diplomatiques de son glorieux devancier et qui, dans la

direction des affaires extérieures, semble avoir
hérité de son intelligence nette, sagace, résolue.
de sa logique et de sa volonté, en même temps
que de sa dextérité perfide, M. de Bismarck est-il
demeuré également fidèle à ses hautes vues civi-
lisatrices et libérales? S'est-il suffisamment pénétré de cette pensée de Frédéric, que la prépondérance matérielle d'un peuple est éphémère, s'il
n'exerce pas en même temps sur ses rivaux un
ascendant intellectuel et moral?

L'avènement de Guillaume Ier, en 1861, avait
fait concevoir à la Prusse, effacée et parfois
humiliée sous le précédent règne, deux grandes
espérances : la première, c'est qu'elle s'affran-
chirait du joug de l'Autriche et constituerait
l'unité de l'Allemagne; la seconde, c'est qu'elle
s'avancerait résolument dans la voie du progrès
libéral et des idées modernes. De ces deux espérances, M. de Bismarck n'a réalisé que la première. Ajoutons que, lors même qu'il eût voulu
réaliser la seconde, — ce qui n'est pas, — il
en eût été empêché par le caractère et les idées
du souverain dont la confiance était la condition même de son pouvoir : car Guillaume Ier,
alors comme aujourd'hui, était un partisan convaincu des idées absolutistes et des traditions
féodales; c'était déjà un tour de force assez diffi

cile que de le faire renoncer à l'alliance de l'Autriche et de le tourner contre François-Joseph!

Qu'est-il résulté de là? C'est que la pensée allemande a succombé sous l'effort du despotisme militaire; c'est que Berlin, au lieu d'être, comme au temps de Frédéric, la forte école des publicistes et des politiques de toute l'Europe, le rendez-vous des savants, des artistes et des gens de lettres, est devenue une froide et silencieuse caserne; c'est que la Prusse, au lieu de porter au front les signes d'un peuple-roi, présente le triste spectacle d'un être jeune et robuste, dont les plus belles, les plus nobles facultés sont à demi paralysées, qui étouffe, faute d'air et de lumière, sous sa pesante armure, et qui, en plein triomphe, présente déjà aux regards attentifs du politique et du psychologue des symptômes évidents de convulsions prochaines et d'affaiblissement. Frédéric était un civilisateur, un éducateur, en même temps qu'un conquérant; sa Prusse était comme une poussée de sève et de verdeur à travers le vieil arbre européen. Aujourd'hui, les rôles sont retournés : dans la marche et l'évolution générale de l'intelligence humaine, la France et l'Angleterre sont au premier rang; la Prusse ne vient qu'en arrière, et représente le passé. C'est pourquoi Prevost-Paradol a pu dire avec raison, dans le dernier chapitre de *la France nouvelle*, que la Prusse jouerait probablement à l'égard de la France dans le monde moderne, un rôle analogue à celui que la Macédoine a joué à l'égard de la Grèce dans le monde antique [1].

1. Mais Prevost-Paradol ne parait avoir prévu, ni le relèvement si rapide de nos finances et de nos armes, ni l'inévitable évolution de la politique russe, ni le déclin de la puissance britannique.

XII

A l'extérieur aussi, il est aisé de distinguer dès
maintenant, dans l'édifice élevé en moins de dix
ans par M. de Bismarck, le côté le plus faible et
le plus menacé : c'est celui-là même où l'illustre
ministre a dévié de la ligne adoptée par Frédéric.
Oui, il est une seule question de politique étrangère sur laquelle M. de Bismarck n'a pas suivi
les traces du grand roi, et c'est peut-être celle où
l'Allemagne rencontrera les plus graves complications : c'est la question d'Orient.

Frédéric, avec son souverain bon sens, avait
nettement perçu l'imminence et la grandeur du
péril slave : « Je croirais faire une faute impar-
donnable, écrivait-il à son frère Henri en 1771,

si je travaillais à l'agrandissement d'une puissance qui pourra devenir un voisin redoutable pour toute l'Europe. » Il estimait que le maintien de l'empire ottoman n'était pas moins nécessaire à la sécurité de la Prusse qu'à l'ordre et à l'équilibre de l'Europe; il avait voulu à tout prix mettre un frein à l'ambition de la Russie en Orient, empêcher un choc entre elle et l'Autriche, et il les avait attirées toutes deux sur la malheureuse Pologne pour les mettre d'accord et les détourner de Constantinople. Mais ce terrible expédient ajournait les difficultés sans les supprimer. La Russie d'un côté, l'Autriche de l'autre, n'en ont pas moins poursuivi leur marche vers les détroits : la question du démembrement de la Turquie et du conflit austro-russe se pose aujourd'hui comme au siècle dernier, mais avec cette différence qu'il n'y a plus de Pologne pour servir de dérivatif. Par cela même, aujourd'hui autant et plus qu'au siècle dernier, le but clairement indiqué de la politique prussienne est de sauvegarder autant que possible l'empire ottoman contre les empiétements de la Russie et d'empêcher la guerre entre la Russie et l'Autriche.

M. de Bismarck a dû négliger cet objet pendant la plus grande partie de sa carrière, jusqu'en 1878 : comme il avait besoin de l'appui du

czar pour accomplir ses desseins contre le Danemark, l'Autriche et la France, il lui a laissé
le champ libre en Orient; mais par là, en même
temps qu'il fortifiait l'Allemagne au nord, au
sud et à l'ouest, il la découvrait à l'est. En laissant la Turquie tomber au plus bas, en permettant à la Russie de s'agrandir aux dépens de
cette puissance et de gagner les approches de la
Méditerranée, en rejetant l'Autriche hors de l'empire germanique et en l'affaiblissant au point que,
dans un duel avec la Russie, cet État composite
et factice se disloquerait sous l'effort de sa jeune
rivale, il a condamné son pays à la nécessité d'intervenir un jour contre les Slaves du nord au
profit des Slaves du sud, auxquels la race allemande n'est pas moins odieuse. L'Allemagne sera
fatalement amenée à entrer en lice soit pour
prévenir, soit pour réparer la défaite de son
alliée, — défaite qu'elle a elle-même préparée
en 1866 ; — elle devra prendre en main la cause
de peuples qui la détestent, et qui lui devien-
dront de plus en plus antipathiques à mesure que
l'élément germain ira disparaissant de l'empire
austro-hongrois. Ce n'est plus une nouveauté de
prédire que, dans le siècle prochain, les provinces
polonaises et la péninsule des Balkans seront le
théâtre de longues et sanglantes luttes. Or, si

l'incomparable armée allemande peut espérer la
victoire dans les premières campagnes, les lois
historiques et les lois naturelles démontrent que
la race du nord finira par triompher, et ce dénouement sera plus ou moins rapide, suivant
l'attitude que prendra le reste de l'Europe.

C'est seulement à partir du Congrès de Berlin
que M. de Bismarck est revenu à la politique de
Frédéric II. en déchirant le traité de San Stefano
et en frustrant la Russie du fruit de ses victoires
contre les Turcs. Il tente maintenant de conjurer
le péril. — péril accru par lui-même, — d'une
part en s'unissant intimement à l'Autriche et en
acceptant les avances de l'Italie, de l'autre en
plaçant des princes allemands à la tête des petits
États balkaniques, et en essayant de prendre la
direction diplomatique et militaire de l'empire
ottoman : par là, il espère barrer à la Russie la
route du sud et de la mer comme il lui a barré
la route de l'ouest et du continent et l'empêcher
de prendre l'Europe à revers, ou du moins, se
créer des gages pour les lui abandonner le jour
où elle ferait mine de s'allier avec nous, et uti-
liser la péninsule des Balkans comme Frédéric a
utilisé la Pologne. L'expédient est habile, sans
doute, et pourra retarder la crise. Reste à savoir
si, pour l'empêcher, M. de Bismarck ne s'y est

pas pris trop tard ; s'il est encore temps d'arrêter la « tache d'huile » qu'il a lui-même contribué à étendre : et si le grand dessein qu'il mé-
dite, de faire de la Russie une puissance asiatique, de pousser l'Autriche vers Constantinople
et d'accaparer les débris germaniques de cet
empire, n'est pas déjà singulièrement compromis par les progrès qu'il a dû laisser faire à
la Russie en Europe. Et reste à savoir si, après
avoir pris à Frédéric son fameux « *Beati possi-
dentes* »[1], lui, ou un de ses successeurs, pourra
redire l'autre mot, non moins fameux, du même
Frédéric au moment du partage de la Pologne :
« La France ? La France dort ! » La question d'O-
rient, la question de la Méditerranée, voilà le
talon d'Achille de l'Allemagne. Frédéric l'avait
admirablement compris ; pour notre bonheur, sa
politique n'a pas revécu tout entière en celle de
M. de Bismarck[2].

1. Ce mot, que M. de Bismarck a prononcé en 1878,
Frédéric l'avait dit à Belle-Isle. (*Correspondance* de Frédéric, t. II.)

2. Depuis la publication de cette étude, le traité de Berlin
a été déchiré par la Russie, et l'Allemagne a dû laisser
faire. En mai 1885, M. de Bismarck a vivement regretté
que la guerre n'éclatât pas entre la Russie et l'Angleterre
à propos de l'affaire afghane : il suffit de lire sa presse semi-
officielle pour s'en convaincre ; sa presse officielle gardait
un silence éloquent.

Dans cet inévitable conflit, la France trouvera l'occasion — la dernière peut-être! — de reconquérir la haute indépendance qu'elle n'a plus, qu'elle ne saurait avoir tant qu'une partie de sa frontière restera ouverte. Et qui sait? Peut-être les hommes, quels qu'ils soient, qui auront le périlleux honneur de la gouverner feront-ils bien de se rappeler parfois les exemples de Frédéric. Car enfin l'échiquier européen est toujours à peu près le même; la partie se compose des mêmes pièces, et les combinaisons du jeu ne peuvent varier à l'infini. Or, par cela même que la France prendrait fait et cause pour la Russie (et comment pourrait-elle faire autrement?), elle risquerait de s'attirer l'hostilité de l'Angleterre, rivale de cette puissance en Europe et en Asie: elle se trouverait donc, entre l'Angleterre et la Russie, en face de l'Allemagne, à peu près dans la situation où Frédéric se trouvait, en 1740, entre l'Angleterre et la France, en face de l'Autriche. Et, de même que Frédéric eut l'adresse d'obtenir, avec la neutralité bienveillante de George II, l'alliance effective de Louis XV, et de tourner à la fois contre son adversaire deux puissances qui étaient en guerre l'une contre l'autre, de même le problème à résoudre un jour pour un homme d'État français serait de mar-

cher avec la Russie sans irriter l'Angleterre, et
même en obtenant sa neutralité bienveillante
contre la menaçante puissance qui cherche des
débouchés maritimes et convoite les ports de la
Hollande. Dans ce grand problème que la France
devra réaliser si elle veut ne point périr : —
l'union des Latins et des Slaves contre les Ger-
mains, — l'Angleterre sera le facteur d'où dépen-
dra la solution : maîtresse des mers, elle tiendra
le nœud du problème. Qui ne voit que, pour le
résoudre, les procédés diplomatiques de Frédéric,
la politique du double jeu, s'imposeraient infailliblement à notre patriotisme? Et il est probable
que, à celui de nos compatriotes qui aurait accompli cette grande œuvre de réparation nationale, nos historiens de l'avenir n'iraient point
demander compte des moyens employés; ils
n'auraient pour son génie politique que des
paroles de reconnaissance.

Ainsi la diplomatie de Frédéric II est bonne à
méditer, soit pour les Prussiens, soit pour les
Français. Les premiers ont fait fausse route
toutes les fois qu'ils s'en sont écartés et n'ont eu
qu'à se louer d'y revenir; les seconds pourront
la pratiquer un jour avec fruit contre ses successeurs, — ce qui sera plus utile que de la flétrir au nom de la morale. Voilà nos conclusions.

Si elles sont à l'honneur du sens politique d'un grand ennemi de notre pays, elles sont inspirées uniquement par l'ardent souci de la grandeur et de la gloire françaises. Si elles diffèrent de celles de M. le duc de Broglie, elles jaillissent de la lecture de son ouvrage.

Remercions-le donc d'avoir rappelé encore une fois l'attention publique sur ces hautes et émouvantes questions, d'où dépendent les destinées de la patrie. Par là, en même temps qu'une très belle œuvre historique, il a fait un acte noble et utile. Aussi doit-on considérer notre discussion comme un hommage à la sincérité de ses jugements, à la constante élévation de sa pensée, à ce culte fervent pour la France que nous partageons avec lui.

Si nous essayons de résumer nos impressions sur le talent et la complexion littéraire de M. le duc de Broglie, nous dirons qu'à notre avis, il y a en lui plus de l'orateur que du psychologue.

Son tour d'esprit est naturellement oratoire; et, si la plupart de ses discours parlementaires paraissent avoir été écrits, — tant la construction en est élégante et le style châtié, — il semble. à l'inverse, que certains chapitres de ses livres aient été d'abord prononcés à haute voix. Il serait téméraire d'affirmer sous quelle forme sa pensée se manifeste d'abord. — par la parole ou par la plume; mais on est bien tenté de croire qu'il parle premièrement. puis qu'il écrit en quelque sorte sous sa propre dictée : on dirait qu'il a écrit ce qu'il parle et qu'il a parlé ce qu'il écrit. Ainsi il apporte dans l'histoire les qualités de l'orateur. Il est expert dans l'art de grouper les documents, de les mettre en valeur et en relief; il excelle à exposer clairement une affaire, à démêler les fils d'une intrigue ou d'une négociation, à peindre une situation politique. Lorsqu'il émet son avis sur ce qu'il eût fallu faire dans telle circonstance, il soutient sa thèse avec l'éloquence ingénieuse, dans la langue politique excellente, sobre et forte, que nous avons souvent admirée ailleurs.

Mais prenons garde : c'est ici justement que cette qualité. poussée à l'excès, peut devenir un défaut. Si l'historien plaide. il est porté à écarter la thèse adverse ; il est moins disposé à se plier aux choses et aux temps, à entrer dans le caractère des personnages. Il se prête peu. Les nuances sont sacrifiées à l'unité de ton. Il choisit l'un des deux profils de l'homme : l'autre reste dans l'ombre. Il voit et présente les événements sous un certain jour, au lieu de les laisser éclairés de tous les côtés à la fois. Cette obser-

vation ne s'applique pas particulièrement à M. de
Broglie, mais à tous les esprits de son ordre, et
l'on pourrait dire de sa famille. On peut noter
chez tous les doctrinaires une certaine raideur,
peu d'hospitalité intellectuelle, si j'ose m'exprimer ainsi : défaut qui sans doute tient à leurs
qualités.

Ce manque de flexibilité fait qu'ils sont moins
utiles à leur parti et à leur pays qu'ils ne méri-
teraient de l'être par leur haute et noble culture
intellectuelle. Les plus grands politiques de
l'Europe se sont bien gardés de cette inflexibilité :
un Henri IV, un Richelieu, un Mazarin, un
Frédéric, un Cavour, un Bismarck, ont vu clairement l'utilité de sacrifier parfois leurs idées les
plus chères à une pensée supérieure ; il n'est pas
un de ces hommes qui n'eût volontiers encouru
l'accusation de scepticisme, qu'on jette aujour-
d'hui à la tête de quiconque ne consent pas à
s'enfermer pour toute sa vie dans un dogme ou
dans une formule. Et, pour nous en tenir à
l'heure présente, la question est de savoir si un
homme d'État français doit refuser de mettre la
main à la direction de son pays par attachement
exclusif à telle forme gouvernementale, ou s'il
doit être prêt à faire toutes les concessions nécessaires pour atteindre ce qui est désormais

l'objet capital de notre politique, à savoir : la reconstitution de nos forces militaires et la conclusion d'alliances, par lesquelles la France moderne puisse reconquérir son rang en Europe et conjurer le péril allemand, comme la France du moyen âge est venue à bout de l'Angleterre, et comme la France de la monarchie absolue est venue à bout de l'Autriche.

FOX ET PITT [1]

Mars 1882.

Alors que, sous le second empire, la tribune était muette et la presse entravée, les brillants esprits qui jadis avaient pris leur essor sous un régime de liberté et qui maintenant languissaient dans l'ombre, loin des affaires publiques, se tournaient naturellement vers les pays de gouvernement parlementaire, vers les temps plus nobles

1. *La Tribune moderne en France et en Angleterre*, seconde partie (ouvrage posthume), par M. Villemain, 1 vol. in-8°, 1882, chez Calmann Lévy. — Cf. *Cours de Littérature française. Tableau du XVIIIᵉ siècle*, quatrième partie (1829), par le même. — *L'Angleterre au XVIIIᵉ siècle*, tome II (1856), par M. Charles de Rémusat ; etc.

et trop courts de notre histoire, pour y chercher des consolations, des lumières et des espérances. Alors Michelet élevait son monument
à la Révolution française ; Victor de Broglie,
Charles de Rémusat, Prevost-Paradol allaient demander des enseignements à nos voisins d'outre-
Manche. Alors M. Villemain, lui aussi, se remit à
cette étude des grands orateurs politiques qui lui
avait valu jadis ses plus éclatants succès de
professeur. Dans les intervalles de son *Histoire
de Grégoire VII*, qu'il retoucha et polit pendant
quarante ans[1], il écrivit son livre sur Chateaubriand, qui forme le premier volume de la *Tribune moderne*, et qui fut publié en 1858, puis
diverses études sur Fox, Grey, Serre, Royer-
Collard, M. Gladstone, etc. Ce sont ces pièces
qui forment le second volume de *la Tribune
moderne*.

M. Villemain est retourné tout d'abord à l'Angleterre, et, en Angleterre, à ce dix-huitième
siècle dont il avait tracé en 1827 un tableau
impérissable. Mais, dans ce tableau, nécessairement réduit au cadre de son cours, il avait seulement esquissé les profils des orateurs célèbres

---

1. Et que sa fille, Mme Allain-Targé, a publiée en 1873.
2 vol. in-8°, chez Didier.

de ce temps, groupés autour de la grande figure du second Pitt, qui dominait tout; à présent. il se proposait de les représenter chacun à part, en détail, de les peindre de face. et en pied. De cette galerie projetée, un seul portrait nous reste, celui de Fox; il est vrai que l'existence de cet homme d'État a été si remplie, si variée, qu'on ne peut l'étudier sans connaître en même temps la vie de ses contemporains et le mouvement de l'Europe et du monde à cette époque.

I

Comment ne pas être pris par cette histoire de
l'Angleterre pendant la seconde moitié du dernier
siècle et jusqu'aux commencements du nôtre?
Fut-il jamais, dans un État libre, période plus
dramatique, plus fertile en émotions et en enseignements? Ce sont d'abord les problèmes les plus
graves qui puissent agiter l'âme humaine, les
problèmes religieux : les premières tentatives pour
alléger l'oppression des catholiques, et ces tentatives repoussées par des émeutes ; puis la question de l'esclavage, la lutte entre les instincts
mercantiles de la race anglo-saxonne et les idées
de la philosophie moderne; la guerre d'Amérique, et ces combats du Parlement où les liber-

tés de l'Angleterre sont en jeu avec sa grandeur et
sa gloire : l'organisation des colonies, du Canada
et du gigantesque empire des Indes : la démence
du prince et la question de la régence, où la vertu
des institutions parlementaires semble redoubler
sous les coups de la nature et sous l'effort de
l'ambition ; enfin la Révolution française, la
guerre européenne. le drame napoléonien. ce duel
épique entre la liberté politique et le despotisme
militaire, entre la parole et la force. Quels changements ! Quelle série d'entreprises grandioses !
Quel champ ouvert au génie de la politique et de
l'éloquence !

Alors paraît cette admirable pléiade d'orateurs
et d'hommes d'État. les Chatham, les Burke, les
Fox, les Sheridan, les Pitt. caractères et talents
si divers, si opposés. si attachants pour l'historien, le lettré, le moraliste : — lord Chatham,
grand politique par l'expérience des affaires et
des hommes, par la science des lois et des
finances, par l'habileté diplomatique, par son
éloquence toute nourrie d'antiquité, et d'une forme
toujours belle, d'un style toujours pur, même dans
les transports les plus entraînants de la passion ;
esprit plus vif que réfléchi, plus étendu que profond, plus impérieux que persévérant, inégal, mobile, ne cherchant pas le succès dans des desseins

longuement médités et suivis avec méthode, mais
l'improvisant, en quelque sorte, à coups de génie, à travers d'étranges variations ; grand patriote, qui, après avoir usé ses forces au service
de l'Angleterre, après l'avoir relevée au dedans
et au dehors, se fait porter une dernière fois au
Parlement pour protester contre l'indépendance
de l'Amérique, et tombe épuisé sur ce théâtre de
ses luttes et de ses triomphes, « au milieu du
culte de ses concitoyens, mourant de l'humiliation
passagère de son pays et lui laissant, par son
nom, une gloire immortelle [1] » : — Edmund
Burke, dont l'origine irlandaise explique les idées
et le genre de talent, les croyances profondément
religieuses et l'éloquence imagée, parfois empha-
tique, mêlée de je ne sais quelle pompe orien-
tale ; « simple dans ses goûts, austère dans ses
mœurs, consciencieux dans ses études, régulier
dans sa verve, opiniâtre avec enthousiasme,
scrupuleux et irritable » [2] ; ayant plus d'originalité et d'éclat dans l'imagination, plus d'élévation dans l'âme que de largeur dans l'intelligence ;
moins politique qu'écrivain et orateur ; honorant
par l'autorité de son caractère et séduisant par le

1. Villemain, *Cours de Littérature française. Tableau
du dix-huitième siècle.*
2. Ch. de Rémusat, *Burke.*

prestige de sa parole ce pays qu'il ne gouvernera
jamais; demeuré toute sa vie un grand homme
de lettres, même à la Chambre des Communes;
trouvant dans les inspirations de sa foi chrétienne
et de son tempérament artistique de sublimes
accents pour défendre les revendications des Américains ou pour attaquer la tyrannie de Hastings,
mais enfermé dans ses idées de monarchie féodale, étroit et borné dans ses vues sur la Révolution française, qu'il n'entend point, qu'il combat
avec la dernière violence, non pas, comme Pitt, à
qui il s'allie contre elle, parce qu'elle menace les
institutions et la puissance britanniques, mais
parce que sa piété, effrayée par les excès, mécon-
naît les principes, parce que ce chrétien ne voit
pas qu'au fond du grand mouvement français,
le plus grand mouvement humain depuis le chris-
tianisme, c'est encore l'esprit de l'Évangile qui
triomphe; — Charles Fox, « respectueux émule
de lord Chatham, et destiné à être vaincu par le
jeune fils de son illustre modèle » [1], Fox, descen-
dant d'un roi [2], né d'un père opulent mais peu

1. Villemain, xviiie *siècle.*

2. Sa mère était la fille aînée du second duc de Richmond :
il descendait donc en ligne directe de Charles Ier, son ar-
rière-grand-père étant fils naturel du roi Charles II.

estimé[1] qui lui inculque de bonne heure la passion du jeu et le goût des plaisirs, ces poisons que
le grand orateur, déjà mûr, aura tant de peine à
arracher de ses veines; dissipateur et désintéressé,
aimable parce qu'il est bon, et, malgré de bien
grandes fautes, aimé de la postérité plus encore
que de ses contemporains; nature franche, ouverte, sympathique; cœur généreux, brûlant
d'une passion ardente pour le bonheur, la liberté,
le progrès du genre humain; apôtre de toutes les
nobles causes dont plus d'une triomphera dans
l'avenir, quand il ne sera plus là pour voir le
succès de ses idées; défenseur de tous les opprimés, des Américains, des Indiens, des nègres, des
catholiques; partisan courageux de la Révolution
française, dont il ne confond point, comme Burke,
les principes et les événements; orateur incomparable dans son incorrecte et entraînante beauté;
car il unit au charme du naturel, à ce que Grattan appelle une « grandeur négligée », le sentiment profond de la justice, et il peut dire, lui
aussi, comme le personnage de Térence :

Homo sum, humani nil a me alienum puto ;
— Sheridan, fils d'un acteur et d'une femme
de lettres, dont la vie orageuse et sans dignité

1. Le premier lord Holland de cette famille, d'ailleurs politique d'un incontestable talent.

commence par un duel, un enlèvement et un
mariage avec une chanteuse, continue par le jeu
et la débauche, et finit par le vin et la misère;
auteur dramatique et directeur de théâtre, faisant
applaudir dans ses comédies la satire de ses propres aventures et les plaisanteries publiées contre
lui : pamphlétaire ingénieux, spirituel et mordant, qui, un jour (le 7 octobre 1785), oubliant
son talent d'écrivain et faisant oublier sa vie, se
place tout à coup, dans le procès de Hastings, au
premier rang des orateurs de tous les temps,
étonne, enchante, éblouit la Chambre, pendant
plus de cinq heures, par la combinaison improvisée des dons les plus divers et les plus rares,
« la force d'argumentation la plus convaincante,
la précision de langage la plus lumineuse, le plus
admirable mélange de gravité, de grâce, d'ironie, de pathétique, de colère », arrache de longues acclamations à cet auditoire qui n'applau
dit jamais, et surpasse, de leur aveu même, tous
ses illustres rivaux ; triomphe prodigieux de la
parole, dont Burke disait : « C'est le plus mer-
veilleux effort d'éloquence, de logique et d'esprit
réunis qu'il y ait jamais eu » ; Fox, que tout ce
qu'il avait entendu, tout ce qu'il avait lu, comparé à ce discours, s'évanouissait comme un
nuage devant le soleil; Pitt, que ce discours avait

surpassé toute l'éloquence des temps anciens et
des temps modernes, et qu'il offrait l'exemple de
tout ce que le génie et l'art pouvaient fournir
pour agiter et dominer les âmes ; éloges un peu
exagérés peut-être[1], mais sincères à coup sûr,
et corroborés par les témoignages contemporains, de cette création en grande partie sponta-
née, unique dans l'histoire de l'éloquence, et dont
le souvenir seul, hélas ! est parvenu jusqu'à
nous ; — enfin, celui qui les vaincra tous, cet
enfant extraordinaire, élevé dans la méditation et
le travail pour le pouvoir et la renommée, par
son illustre père lord Chatham et par sa pieuse
mère : William Pitt, « ce jeune homme né ministre »[2], qui, au sortir de l'école, paraît fait pour
gouverner par le caractère et par la parole ;
tombé du pouvoir à vingt-trois ans, premier
ministre à vingt-quatre, — pour toute sa vie ; —
William Pitt, qui, comme entrée de jeu, « gagne
le roi malgré la Chambre des communes et vainc

1. Ce qui laisse supposer qu'il y a quelque exagération
dans ces louanges, ce sont celles que Burke prodigua à
Sheridan pour son discours sur le même sujet à la Chambre
des lords, discours qui est à peu près conservé, et qui, malgré ses beautés, ne paraît pas mériter ces éloges hyperbo-
liques.

2. Mot de lord North.

la Chambre des Communes par la nation »[1] ; intrépide défenseur de la Constitution et des prérogatives royales. « qui sur la tête égarée de George III soutient la couronne si haute, si dominante au milieu de l'ébranlement de l'Europe. qui lutte corps à corps contre le génie multiple et effrayant de la Révolution française »[2], et tombe, à bout de forces, sans avoir atteint le but de son ambition et de ses efforts. frappé au cœur par la défaite d'Austerlitz. mourant, lui aussi. comme son père, de l'abaissement de la patrie. mais vainqueur, dix ans après sa mort, sur le champ de bataille de Waterloo.

Et maintenant. représentez-vous ces grands hommes, ces glorieux rivaux, réunis à la barre de Westminster et discutant les plus graves intérêts de leur pays et de l'humanité. étendant leurs regards et leur génie non seulement sur l'Europe, que l'Angleterre mène à l'assaut de la France révolutionnaire et impériale, mais au delà, à l'occident sur l'Amérique, à l'orient sur les Indes. et encore au delà. sur l'immense étendue des mers. où flotte le pavillon britannique : alors, ce Parlement est vraiment la tribune de l'Europe et du monde ; et le plus grand génie militaire qui

1. Mot de lord North.
2. Villemain, *XVIII° siècle.*

ait jamais étonné les hommes finira par s'user contre **la** force résistante et souple de la liberté politique et du gouvernement de la parole.

Quel intérêt varié présenterait l'histoire des Chambres anglaises pendant cette période! Quelles excellentes leçons de politique et d'éloquence offrirait l'analyse de leurs débats quotidiens! Mais notre tâche est plus modeste : et, à présent que nous avons dessiné le cadre, nous allons étudier la physionomie aimable de l'un de ces grands hommes, le plus français de tous par ses inclinations et ses idées, Charles Fox, et, parallèlement, la haute et sévère figure de son adversaire, William Pitt : car il est impossible de juger l'un sans juger aussi l'autre par comparaison.

Il nous a paru intéressant de rapprocher l'étude nouvelle de M. Villemain de celles que M. de Rémusat a écrites sur le même sujet en 1854 et 1856[1], et de les éclairer par les jugements de MM. Thiers, de Viel-Castel, Guizot, Lanfrey et Macaulay.

Dans *la Tribune moderne* comme dans le *Tableau de la littérature au dix-huitième siècle*, M. Villemain montre surtout chez Fox l'homme

---

1. *Revue des Deux Mondes*, 1ᵉʳ décembre 1854, 1ᵉʳ janvier 1856. Ces études se retrouvent au tome II de *L'Angleterre au dix-huitième siècle*, 1856 (chez Didier).

public, l'orateur officiel ; il décrit son rôle à la
Chambre des Communes en historien et en
homme de lettres. M. de Rémusat, rendant
compte des *Mémoires* et des *Correspondances*
de Fox, publiés par lord John Russell, fait
œuvre de critique et de politique à la fois, et,
sous le rôle extérieur, étudie l'homme intime,
avec ses sentiments secrets, ses hésitations, ses
craintes, tous ces mouvements de l'âme qu'un
chef de parti doit souvent cacher, autant à ses
amis qu'à ses adversaires.

A un second point de vue, l'auteur de *la Tribune moderne* ne prend pas parti pour telle ou
telle politique, pour celle des whigs ou celle des
tories. Certes, on sent qu'il a gardé tout son enthousiasme pour le fils de Chatham ; mais, s'il
admire toujours avec une égale ferveur celui
« qui fut un des plus grands athlètes de la parole,
le ministre dirigeant de l'Europe, et montra tout
à la fois la supériorité du génie parlementaire sur
les conseils des rois absolus et la force d'un État
libre contre un peuple en révolution », il n'en
aime pas moins l'éloquence entraînante et généreuse, la bonté, l'âme profondément humaine du
leader de l'opposition. Il ne recherche pas qui
des deux suivit la politique la plus sage, la plus
habile : non, ce qui l'attire, ce qui l'émeut dans

la vie de Fox comme dans celle des autres orateurs illustres qui ont dû le meilleur de leur force
et de leur gloire aux institutions parlementaires,
c'est l'image des sociétés gouvernées par l'intelligence et par la raison, c'est le spectacle de la
puissance morale de l'homme sur l'homme, c'est
le développement des énergies de l'esprit humain
par la liberté. Le professeur qui, dans son cours
de 1827, s'était montré digne de ces grands
hommes, était heureux de saisir de nouveau dans
leurs inspirations une des plus belles formes de
la littérature, le talent et le génie appliqués aux
affaires publiques : l'ancien ministre de la monarchie de Juillet se plaisait à retrouver dans
les fortes et paisibles délibérations du Parlement
d'Angleterre le souvenir des libertés perdues,
consolation des mauvais jours.

A ces sentiments, M. de Rémusat en joignait
d'autres. Philosophe libéral, partisan décidé de
l'alliance anglo-française, ami de lord Holland
(le neveu et l'héritier de Fox), et de M. Thiers
(le panégyriste du Consulat), il se range résolument du côté des **whigs**, dont il partage les idées,
sinon les passions, et glorifie les larges vues et la
politique de leur chef. Tout en s'inclinant devant
le caractère de Pitt, il montre ses erreurs. ses
faiblesses, il le fait descendre du piédestal où l'a

élevé M. Villemain, et met à sa place son glorieux vaincu.

Il est d'autant plus piquant de rapprocher ces jugements différents, que M. Villemain et M. de Rémusat sont les deux seuls écrivains français qui aient consacré à Fox des études spéciales. Ils se complètent, se corrigent l'un l'autre, et la vérité sort de la comparaison.

II

Dans les luttes du Parlement comme sur les champs de bataille, il y a une minute qui décide de tout : perdue, elle ne se retrouve pas. Dans la vie de Fox, ce moment arriva en 1782.

Il avait alors trente-trois ans, et il y en avait plus de treize qu'il était à la Chambre, [1] plus de huit qu'il combattait dans l'opposition, à la tête des whigs. Après avoir débuté brillamment dans le camp des tories, auxquels le rattachaient ses traditions de famille, et accepté de lord North les fonctions de lord de l'Amirauté, puis de la

1. Il avait été élu en 1768 par le bourg de Midhurst, quoiqu'il n'eût pas les vingt ans exigés pour siéger.

Trésorerie, il s'était senti attiré par les idées libérales dont Burke était l'interprète brillant et honoré : et lorsque, à vingt-cinq ans, ayant perdu son père, sa mère, et son frère aîné, il était devenu tout à fait libre, il avait secoué définitivement le joug d'une politique étroite et dure, et avait trouvé dans le parti whig le rôle qui convenait le mieux à la fougue de sa nature, à l'indépendance de son caractère, à la générosité de son esprit. Depuis lors, malgré les désordres d'une jeunesse dévastée par les plaisirs et par la folle passion du jeu [1], il n'avait cessé de grandir, luttant avec un sens politique et un génie oratoire toujours croissants contre l'administration faible, imprévoyante et bornée qui devait précipiter la scission des colonies d'Amérique.

En 1782, le désastre qu'il a tant de fois prédit est consommé. L'Angleterre, déchue et haïe, sans un allié en Europe, est troublée par des discordes intestines, et il semble que les horreurs

1. Voir les détails curieux donnés par Horace Walpole sur le club d'Almack's, où Fox et les jeunes gens de qualité jouaient des rouleaux de 50 liv. st., avec des masques pour cacher leurs émotions et de grands chapeaux de paille ornés de fleurs et de rubans pour protéger leurs yeux contre la lumière. Fox avait souvent une troupe d'usuriers juifs qui attendaient son lever dans une pièce qu'il appelait sa chambre de Jérusalem. En 1774, lord Holland paya pour son fils 3,500,000 francs de dettes.

de la guerre civile vont succéder aux humiliations de la guerre étrangère. L'Irlande s'agite ;
40,000 hommes ont pris les armes. De tous côtés
les factions fermentent ; un fanatisme ignorant
appuie par des séditions les lois odieuses contre
les catholiques. A Londres. le peuple s'est ému, a
ouvert les prisons. brûlé les églises, s'est avancé
un jour jusqu'aux portes de la Chambre des
Communes: le Parlement a failli être emporté
dans la tourmente. et avec lui la Constitution
et les libertés du pays. Le gouvernement est
désemparé, ou plutôt il n'y a plus de gouvernement.

D'où viendra le salut ? Où est l'homme qui,
dans la tempête, va saisir le gouvernail ? Il ne
peut évidemment se trouver que dans les rangs
de cette opposition qui seule reste debout au milieu des malheurs de la patrie. d'autant plus
grande qu'elle a tout fait pour les prévenir. Sera-
ce Burke ? Burke, sans doute. impose par l'intégrité de son caractère; il séduit les imaginations
par son éloquence brillante, enthousiaste, presque poétique; mais ce n'est point là un esprit ni
une parole de gouvernement [1], surtout en ce

1. Burke eut plusieurs fois une fâcheuse influence sur
Fox : c'est ainsi qu'en 1784, il ne vit pas tous les dangers
du bill des Indes, et qu'ensuite il encouragea l'opposition
violente de Fox contre Pitt.

pays et à cette époque : c'est par le raisonnement,
par la logique, presque par le calcul, non par
des métaphores, qu'il faut prendre et mener ces
Anglais, soucieux avant tout de l'intérêt national. Ce qui répond véritablement alors à leurs
instincts positifs, pratiques, c'est la précision vigoureuse de Fox, cette discussion serrée, savante,
cette vivacité et cette sûreté d'attaque et de riposte,
cette habileté de démonstration et de réfutation
dans la véhémence, cet art consommé de tactique
parlementaire à travers tous les entraînements de
l'improvisation la plus abondante et la plus naturelle, tous ces dons qu'il déploie depuis huit
ans au service de la plus noble et de la plus juste
des causes. Quant au fils de lord Chatham, il
vient seulement de quitter les bancs de l'Univer-
sité pour ceux de la Chambre des Communes et
d'entrer dans le rang, derrière Fox [1] : qui donc

1. Pitt fit son *maiden speech* le 26 février 1781. Lord
North dit que c'était le meilleur premier discours qu'il eût
entendu. Fox, incapable de jalousie, félicitait son jeune collègue, lorsqu'un vieux membre, le général Grant, lui dit :
« Eh ! monsieur Fox, vous louez le jeune Pitt pour son discours, et vous faites bien, car, excepté vous, il n'y a pas
dans la Chambre un homme qui pût en faire un pareil, et,
tout vieux que je suis, je m'attends à vous voir tous deux
combattre, entre ces quatre murs, comme j'ai vu faire vos
pères avant vous. » Le compliment était assez maladroit ou
assez perfide. Le jeune homme répondit avec tact : « Je ne
ais aucun doute, général, que vous n'aimassiez à vivre

alors pourrait songer à mettre en balance cet enfant avec le *leader* illustre, expérimenté et victorieux de l'opposition [1]?

A ce moment, Fox apparaît donc, par la logique des événements autant que par sa propre supériorité, comme l'homme le mieux fait pour prendre en main les destinées du royaume. Il a pour lui l'opinion publique et la majorité du Parlement, il ne lui reste plus qu'à conquérir le roi.

Cette conquête, il est vrai, n'était point facile, car George III, esprit étroit et obstiné, détestait Fox [2], à qui il ne pardonnait ni son éclatante rupture avec le pouvoir, ni les scandales de sa vie; et l'on sait à quel point l'influence personnelle de ce monarque altéra la sincérité

aussi vieux que Mathusalem. » — Gibbon comparait l'éloquence de Pitt à un joli petit yacht bien peint. « Malheur à lui, disait-il, s'il vient à se heurter contre le gros bateau noir à charbon de Charles Fox ! » — C'est le joli petit yacht qui allait couler le gros bateau.

1. On dit que lady Holland, avec ses instincts de mère, avait prévu du premier coup le grand avenir de Pitt et qu'elle avait dit un jour à son mari : « J'ai vu ce matin lady Chatham; il y a là un petit William qui n'a pas huit ans, et qui est réellement l'enfant le plus distingué que j'aie jamais vu, élevé si régulièrement et si correct dans sa conduite, que — remarquez bien mes paroles! — ce petit garçon sera une épine dans le côté de Charles pendant toute sa vie. »

2. Voir ses lettres à lord North.

du régime représentatif, jusqu'au jour où sa démence d'une part, et la Révolution française de l'autre, vinrent briser le torisme de cour et rétablir dans leur intégrité les principes du gouvernement constitutionnel avec les traditions de 1688. De son côté, Fox, par une erreur commune à plus d'un politique, s'était toujours appuyé sur le prince de Galles, opposant et libéral comme tous les princes héritiers jusqu'au jour où ils héritent, et que ses vices et ses débordements, aussi bien que sa soif de popularité, rapprochaient d'hommes de plaisir tels que Fox et Sheridan.

Il est permis de croire cependant que, le jour où lord North étant tombé et la question d'Amérique étant tranchée par les armes, Fox devint secrétaire d'État de l'intérieur dans le ministère dont le marquis de Rockingham était le chef apparent, il eût pu, en faisant quelques concessions au souverain, sans sacrifier ses principes, mais en les réservant, en rompant avec les habitudes déplorables de sa jeunesse, en réglant sa vie, en s'éloignant doucement du prince de Galles, désarmer au moins en partie l'hostilité du souverain, comme il le fit seulement vingt-quatre ans après, trop tard pour son pays et pour sa gloire!

Il est encore plus évident que, à la mort de
Rockingham, survenue trois mois après (1er juillet 1782), il commit une première faute en pro-
posant au roi pour la Trésorerie le lord-lieute-
nant d'Irlande, lord Portland, bien inférieur à
Richmond et à Shelburne, qui semblaient indi-
qués, et une seconde en donnant sa démission
lorsque le roi choisit Shelburne. M. de Rémusat
confesse que, dans cette circonstance, il n'obtint pas l'assentiment unanime de son parti ni
du public : « on pensait avec raison que la difficulté de la situation exigeait le concours de tous
les efforts au prix même de quelques sacrifices,
et que le seul moyen de rétablir dans leur vérité, dans leur énergie, les principes constitu-
tionnels, c'était, au lieu d'opérer dans les partis
de nouveaux fractionnements, de coaliser toutes
les opinions conciliables et d'unir tous les talents
et toutes les ambitions pour la victoire commune des grands talents et des grandes ambitions. Qu'aurait-on dit, si l'on avait pu prévoir
les conséquences de cette rupture, si l'on s'était
douté qu'elle traînât à sa suite et la décomposi-
tion de l'ancien parti whig, et la naissance d'un
torisme nouveau, et la dissidence éternelle, l'éternelle inimitié de Pitt et de Fox, et peut-être, si
rien n'est fatalement réglé dans ce monde, les

longs déchirements de l'Europe dans une guerre dont le monde n'a pas vu l'égale ? »

Mais allons plus loin. Voilà donc lord Shelburne premier lord de la Trésorerie et William Pitt. qui, à vingt-deux ans, débute aux affaires comme chancelier de l'Échiquier et ministre dirigeant dans la Chambre des Communes. Eh bien. même alors, si Fox avait su attendre, s'il n'avait laissé paraître aucun sentiment d'irritation ou d'hostilité, s'il avait conservé une attitude impartiale à l'égard de ses successeurs, oui, même alors, il eût regagné la faveur populaire, il se fût rendu peu à peu indispensable au pouvoir, qui aurait eu besoin de son appui ou qui, du moins, n'eût plus eu la force de supporter son blâme; il fût redevenu, par la force des choses, l'arbitre de la situation, l'homme le plus puissant du Parlement et du pays. Fort de la confiance publique, il eût fini par s'imposer au roi lui-même, dont il eût conquis l'estime, sinon l'esprit; et, comme le fit William Pitt, il eût identifié un jour la cause de la Couronne avec sa propre cause, qui avait été si longtemps et qui était encore celle de la patrie.

Eh bien, non! cette situation unique, qu'il a déjà commencé à compromettre, il va la gâter tout à fait ; non seulement il repousse les ou-

vertures de Pitt, non seulement il s'éloigne du
prince, mais il va perdre la faveur du pays,
l'appui du Parlement, et se fermer l'accès du
pouvoir pour sa vie presque tout entière; il va
se réduire au rôle de premier orateur de l'opposition, donner l'avantage à l'adversaire qu'il
veut abattre, et fonder le pouvoir durable de son
jeune rival.

« Ainsi retombé, après trois mois de pouvoir,
dans ce rôle d'opposant, qu'il avait déjà soutenu
si longtemps, dit M. Villemain, Fox parut man-
quer de patience politique dans un degré qui
compromit jusqu'à l'honneur de ses principes
et de son caractère... [1]

» Il aperçoit sur les bancs de l'opposition ce
lord North dont il s'est tant moqué, ce lord
North qu'il a tant accusé de maladresse et
même de trahison, ce lord North auquel il a
reproché non seulement d'avoir perdu, mais
d'avoir vendu l'Amérique, ce lord North qu'il a
fait un jour pleurer au milieu de la Chambre
des Communes; et, comme tout moyen lui paraît
bon pour redevenir ministre, il fait une alliance,
une coalition avec son ennemi de la veille...
Voilà que, par un étonnant oubli de toutes les

1. *Tribune Moderne.*

invectives qu'ils se sont réciproquement adressées, un an après la chute de lord North, Fox
et North, dans l'intimité de leur haine contre le
nouveau ministère. l'attaquent, l'obsèdent, l'in-
sultent, et le renversent sous le poids de leur
scandaleuse union. Voilà lord North qui rentre
victorieux, appuyé sur le bras de Fox. Mais, il
faut le dire, malgré les mutations permises aux
hommes d'État, malgré les exemples nombreux
de ces évolutions politiques, la chose parut trop
forte... [1] »

M. de Rémusat est revenu à deux reprises sur
cette coalition, d'abord dans son étude sur
Burke, puis dans son étude sur Fox, et sa modération n'est pas moins dure que la sévérité de
M. Villemain :

« Quoique le caractère de North, dit-il, inspirât
à Fox une sympathie naturelle, quoiqu'on sût
que ce ministre avait fini par soutenir à contre-
cœur la politique de la guerre, la responsabilité
en pesait sur lui : il ne pouvait dignement entrer dans le ministère de la paix, ni former une
coalition contre l'abus de la prérogative royale
après en avoir fait longtemps son point d'appui.
Quoique approuvé par Cavendish, Burke, Sheri-

---

1. *Tableau du* xviii⁰ *siècle.*

dan, Fitzpatrick, Townshend, Fox compromettait son autorité morale, celle même de la tribune politique, en ne paraissant tenir aucun compte des accusations formidables qu'il avait fait gronder sur la tête de lord North. Il alléguait la maxime: *Inimicitiæ breves, amicitiæ sempiternæ.* Malheureusement, il n'avait pas à pardonner des injures personnelles, toujours pardonnables : il s'agissait de mettre en oubli ce qu'on avait qualifié de trahison envers le pays et la liberté. La nouvelle alliance ne pouvait être dictée que par les ressentiments et les impatiences de l'orgueil et de l'ambition, et dans un temps où l'empire de l'opinion publique était encore trop imparfaitement établi pour servir de seconde conscience aux hommes d'État. »

C'est là, dans cette heure décisive de la destinée de Fox, qu'on voit les traces de son origine et de cette éducation corruptrice qui, toute sa vie, malgré les mœurs licencieuses du temps, pesa d'un poids si lourd sur sa considération et sur son caractère. C'est là qu'on retrouve le sang de ce lord Holland, dont Chesterfield disait : « Cet homme n'avait aucune notion, aucun principe de liberté, de justice ; il méprisait comme des sots ou comme des hypocrites tous ceux qui pouvaient ou paraissaient y croire, et

il a toujours vécu, comme Brutus est mort, en
appelant la vertu un vain mot. » C'est là que,
sous l'homme politique, on aperçoit le joueur ;
l'enfant qui, à quatorze ans, jetait l'or sur le
tapis vert de Spa ; qui, à dix-huit ans, courait
l'Europe avec des maîtresses et laissait partout
des dettes fabuleuses ; l'homme qui, déjà député, continuait de se ruiner aux courses par
des paris insensés et courait lui-même dans
l'arène[1] ; et que, ministre, ses commis devaient
poursuivre jusque dans les tripots. C'est là qu'on
sent combien le sens politique est exposé aux
défaillances et aux erreurs les plus funestes lorsqu'il n'est pas appuyé sur le sens moral[2].

1. « M. Fox est la première figure en tout lieu, le héros
du Parlement, de la table de jeu, de Newmarket. La se-
maine dernière, il a passé vingt-quatre heures sans interrup-
tion dans ces trois endroits ou sur la route de l'un à l'autre. »
(Horace Walpole, *Lettres*.)

2. « Il n'a pas un mauvais cœur, écrivait madame Du
Deffand à Walpole, mais il n'a nulle espèce de principes et
il regarde en pitié tous ceux qui en ont. Je ne comprends
pas quels sont ses projets pour l'avenir ; il ne s'embarrasse
pas du lendemain. La plus extrême pauvreté, l'impossibilité
de payer ses dettes, tout cela ne lui fait rien. Le Fitzpatrick
paraîtrait plus raisonnable, mais le Fox assure qu'il est encore plus indifférent que lui sur ces deux articles ; cette
étrange sécurité les élève, à ce qu'ils croient, au-dessus de
tous les hommes. Ces deux personnages doivent être bien

dangereux pour toute la jeunesse. Ils ont beaucoup joué
jusqu'ici, surtout le Fitzpatrick. Il a perdu beaucoup... Il
me semble que Fox est toujours dans une sorte d'ivresse.
Il joint à beaucoup d'esprit de la bonté, de la vérité, mais
cela n'empêche pas qu'il ne soit détestable. Je lui aurai paru
une plate moraliste, et lui, il m'a paru un sublime extrava-
gant. »

III

Fox, redevenu ministre, proposa un bill qui
dépouillait la Compagnie des Indes d'une partie
de ses privilèges et attribuait à la Chambre des
Communes la nomination des commissaires de
cette colonie. Le roi, qui n'attendait que l'occasion, fit rejeter le bill à huit voix par les lords,
et congédier ses ministres par lord Temple[1].

---

1. On possède encore une note secrète rédigée ou revue
par lord Temple et dans laquelle il trace au roi la marche
convenable : « Le refus de sanction du bill de l'Inde serait,
dit-il, une mesure extrême à laquelle on doit préférer le
rejet par la Chambre des lords. » Pour obtenir ce rejet, un
pouvoir fut remis à lord Temple, qui l'autorisait à dire que
le roi tiendrait pour ennemi quiconque voterait pour le
bill.

« Au bout de sept mois, ces pièces mal jointes, qui formaient le ministère de la coalition, se déconcertèrent et tombèrent de toutes parts; il n'y eut plus de gouvernement : alors, ce jeune homme de vingt-quatre ans (il avait un peu vieilli), qui déjà était une fois tombé du pouvoir, et dont le génie, en rappelant avec moins d'éclat l'éloquence de l'illustre Chatham, semblait avoir quelque chose de plus sage, et, pour ainsi dire, de plus mûr [1], ce jeune homme vint, par droit de conquête, prendre le ministère, et, appuyé, non pas, comme Walpole, sur la corruption, mais, fort de son génie, sur la confiance de l'Angleterre, il y resta vingt ans [2]... »

M. de Rémusat fait un vif éloge de ce bill des Indes, qui fut l'occasion de la chute de Fox et de North. Contrairement à M. Villemain, il pense que ce plan généreux, qui tendait à prévenir le retour des plus odieux abus, n'était nullement inspiré par une idée d'ambition ou de parti, mais seulement par la bonne politique et par la morale : « On ne voulut y voir qu'une manœuvre pour perpétuer la domination du parti whig, comme si, dans une vue d'influence, les mi-

1. Windham disait qu'il aurait improvisé un discours de la Couronne.

2. *Tableau du* XVIII* *siècle.*

nistres n'auraient pas mieux fait de réserver le
choix des commissaires à l'autorité royale, c'est-
à-dire à eux-mêmes. »

Oui, sans doute, le bill, en lui-même, était
excellent, analogue au projet que Chatham avait
conçu lors de son second ministère et que la
maladie l'avait empêché de réaliser, bien supérieur à celui que William Pitt fit voter plus
tard ; oui, sans doute, Fox avait beau jeu à
s'armer contre Pitt des idées de Chatham et à
lui rappeler les paroles de celui-ci au duc de
Grafton : « Je regarde la mesure relative à l'Inde
comme le plus grand des objets, si j'ai quelque
sentiment de ce qui est grand. » Mais quoi !
l'heure était-elle donc propice pour engager une
si grosse partie, pour attaquer les privilèges d'une
corporation puissante, pour soulever un conflit
avec la Cité, peut-être avec le roi ? Fox pouvait-
il comparer son pouvoir chancelant à celui de
Chatham au faîte de la gloire ? Se sentait-il
donc tellement solide, tellement sûr de l'appui
du Parlement et de la Cour pour ajouter de telles
difficultés à celles qu'il rencontrait déjà ? Si l'intention était généreuse, elle était singulièrement
dangereuse aussi, et tous les ennemis du Cabinet
devaient naturellement en profiter.

Ils en profitèrent peu loyalement, cela est vrai :

Fox fut victime d'une conspiration de Cour. Ce
« droit de conquête », dont parle M. Villemain,
ce droit de conquête en vertu duquel Pitt reprit
le gouvernement, était une violation, sinon des
lois constitutionnelles, au moins des bonnes règles parlementaires ; si le jeune homme était
« fort de son génie », il fut fort aussi, ce jour-là,
des abus de pouvoir de la royauté ; et M. de Rémusat a pu dire avec raison : « C'était la première fois, depuis la reine Anne, qu'un Cabinet
était ainsi destitué. »

Mais il faut reconnaître que ce second ministère Fox, s'il ne s'était pas rompu sur cette question, serait tombé sur une autre ; il n'était point
né viable : Fox avait d'avance condamné son
œuvre le jour où il avait renversé Shelburne et
Pitt par des moyens si peu dignes de lui. Qu'im-
portaient, après cela, les plus beaux projets de
réformes ? La racine étant pourrie, les fruits ne
pouvaient venir à terme : dans les États où la liberté est la garantie naturelle de l'honneur, l'exercice du pouvoir, qui est la récompense légitime
des services rendus à la patrie, devient aussi, par
la logique des choses, le châtiment des coalitions
immorales, fondées sur la seule ambition ou sur
l'intérêt personnel.

Fox, rejeté de nouveau dans l'opposition, où

il croyait rester quelques semaines, et où il
devait rester vingt-deux ans, — presque toute
sa vie ! — Fox ne se rendit pas un compte
bien exact de l'état de l'opinion et parut encore
une fois trop pressé. Sûr de l'appui de la Chambre,
qui, touchée comme lui dans ses intérêts et dans
sa dignité, partageait le ressentiment de son
leader à l'égard des lords et du roi, il crut pouvoir se lancer aussitôt dans une guerre acharnée
contre Pitt, qu'il poussa dans ses derniers retran-
chements et qu'il força à lutter malgré lui avec
une énergie égale. Mais il ne suffisait pas d'a-
voir pour soi les députés, il fallait aussi avoir
les électeurs. Or, s'il est souvent malaisé aux
politiques de ne pas confondre leurs passions
avec celles des assemblées où ils s'agitent, c'est
une clarté d'esprit encore plus rare de savoir
distinguer les sentiments des Chambres de ceux
du pays. Il faut à un homme d'État beaucoup de
sang-froid et de finesse pour démêler, à travers
ses propres idées et ses propres émotions, à travers les agitations parlementaires et les intérêts
des partis, ces mouvements divers, souvent secrets, qui forment l'opinion. C'est précisément
dans ces difficultés, c'est dans la juste apprécia-
tion et la combinaison rapide de ces éléments
complexes qu'éclate la supériorité de l'homme

d'État d'un pays libre sur le ministre d'un pouvoir absolu, si grands que soient ses mérites : il ne suffit pas d'avoir raison, il faut persuader les Chambres ; il ne suffit pas de marcher avec les représentants de la nation, il faut s'assurer que la nation elle-même vous suit toujours : car, si vous vous laissez emporter trop vite, le jour où vous vous retournez vers le pays, dont vous avez besoin, il est trop loin, et ne vous entend plus.

C'est ce qui arriva à Fox aux élections de 1784 [1]. lorsque Pitt — qui n'eût pas mieux demandé, au début, que de traiter avec son rival et de former un ministère de conciliation [2], mais obligé par lui de combattre pied à pied, à son corps défendant — se sentit assez fort pour dissoudre la Chambre, et remporta la victoire.

1. Elles furent très orageuses ; à Westminster, circonscription de Fox, il y eut des troubles graves. C'est alors qu'on vit la duchesse de Devonshire et sa sœur distribuer sur la place publique des cocardes aux couleurs de Fox, bleu et chamois. Ces couleurs devinrent même celles d'un costume de club que portaient ses amis.

2. Il avait fait déjà des ouvertures à Fox par deux fois : la première lorsqu'il était ministre, la seconde lorsque Fox l'était. La seconde fois, à la vérité, il avait posé comme condition l'éloignement de lord North, et Fox s'était écrié : « Pourquoi ne me conseille-t-on pas de voler dans les poches par la même occasion ? » Cette fois-ci, (qui était la troisième), Fox n'avait plus les mêmes raisons pour refuser un rapprochement.

« La force inattendue de la majorité nouvelle
ne peut s'expliquer que par la lassitude et le
dégoût que les divisions sans terme et les luttes
sans fruit des hommes politiques avaient justement produits dans les esprits. Dans cette joute
stérile des partis et des fractions de partis. les
caractères avaient perdu leur autorité et les
talents leur prestige. La coalition surtout avait
porté une funeste atteinte au crédit de ceux qui
l'avaient faite, et le public ne trouva pas qu'il y
eût raison, pour leur rendre le pouvoir, de renverser une administration établie et d'en dépos-
séder le chef, qui, pour le mérite éclatant et
pour les opinions populaires, n'était au-dessous
d'aucun autre. »

Retenons ces paroles de M. de Rémusat : nous
aurons le droit et le devoir de les lui rappeler
lorsque. dans ses conclusions, il offrira, pour
ainsi dire, William Pitt en holocauste à la gloire
de son rival.

Dès à présent, quels que soient nos sentiments de sympathie pour le chef des whigs, nous
sommes obligés de reconnaître que c'est lui-même
qui a contribué à défaire par des fautes politiques répétées l'admirable situation qu'il s'était
faite par son opposition si persévérante, si cou-
rageuse à la guerre d'Amérique ; c'est lui qui

a compromis pour de longues années la réalisation de ses principes et l'avenir de son parti ; c'est lui, il faut bien le dire, qui, après Pitt, a le plus travaillé à la puissance de Pitt. Voilà ce qu'il ne faut pas perdre de vue si nous voulons porter un jugement équitable sur ces deux hommes d'État et sur les études de leurs historiens.

On sait comment le jeune ministre, s'étant fait pardonner (à la différence de Fox) les origines de son pouvoir, et appuyé dès lors sur le pays, le Parlement et la Couronne, se montra digne de la confiance générale. La première partie de sa carrière, jusqu'à la guerre contre la France, a depuis longtemps réuni dans une admiration commune ses adversaires et ses partisans [1] ; presque tout le monde s'accorde à louer les grandes mesures économiques et financières qui honorèrent son administration ; tout le monde rend hommage au patriotisme qui les inspira [2] ; et il semble que la Nature elle-même ait voulu venir en aide à son génie le jour où elle dissipa tout à coup la démence de George III, et raffermit,

---

1. Voir *Essai historique sur les deux Pitt*, par M. de Viel-Castel.

2. Voir *Pitt et les Finances de l'Angleterre, de 1784 à 1792*, par M. Çalmon (1865).

avec la raison du prince, le pouvoir du ministre.

Macaulay, peu suspect de bienveillance à l'é-
gard de Pitt, et désireux, d'ailleurs, de mettre
en contradiction avec sa mémoire ceux qui se
proclamaient ses disciples, a revendiqué pour
la politique libérale cette période de huit années,
ce Pitt *première manière* :

« Arrivé au pouvoir, il fit honneur aux engagements qu'il avait pris en entrant dans la
vie publique envers les partisans de la réforme
parlementaire : en 1785, il présenta un projet
pour l'amélioration du système représentatif, et
il obtint du roi, non seulement que Sa Majesté
s'abstiendrait de parler contre ce projet, mais
encore qu'elle le recommanderait aux Chambres
dans un discours du trône. Cette tentative échoua;
mais on ne peut guère douter que, si la Révolution française n'eût pas amené une violente
réaction dans l'opinion publique, Pitt n'eût
accompli avec peu de difficulté et sans danger
cette grande œuvre que Grey ne put accomplir
plus tard qu'en employant des moyens qui
ébranlèrent pour quelque temps l'État jusque
dans ses fondements. Lorsque l'attention du
Parlement fut pour la première fois appelée sur
les atrocités de la traite des nègres, aucun abo-
litionniste ne fut plus zélé que Pitt; lorsque la

maladie empêcha Wilberforce de paraître en
public, son ami le ministre le remplaça efficace-
ment. En 1788, une loi fort humaine, qui miti-
geait les horreurs commises à bord des bâtiments,
fut votée en dépit de l'opposition de quelques-uns
des collègues de M. Pitt, grâce à son éloquence
et à sa résolution. En 1791, il concourut sincè-
rement avec Fox à soutenir la saine doctrine
constitutionnelle d'après laquelle une mise en
accusation n'est pas annulée par une dissolution
du Parlement. Dans le cours de la même année,
les deux grands rivaux défendirent en commun
une cause infiniment plus importante : ils ont
le droit de partager entre eux le grand honneur
d'avoir ajouté à nos statuts la loi inestimable
qui place la liberté de la presse sous la protection
du jury... Sa conduite depuis la fin de l'année
1783 jusqu'au milieu de l'année 1792 fut celle
d'un honnête ami de la liberté civile et religieuse ».

Mais où tout le monde n'est plus d'accord, et
où notamment M. Villemain et M. de Rémusat
diffèrent d'avis, c'est sur la conduite de Fox et
sur celle de Pitt à l'égard de la France révolutionnaire et impériale. Or, c'est là évidemment
la question la plus intéressante à discuter, non
seulement parce que c'est celle qui nous touche

de plus près, nous autres Français, mais parce qu'elle a tenu la place la plus considérable dans l'existence de ces deux grands hommes, et qu'elle est, en quelque sorte, la pierre de touche de leur caractère, de leur intelligence, de leur politique.

I V

Jusqu'en 1789, l'adversaire militant de la France et de sa monarchie absolue, tout pénétré des traditions du règne de Guillaume III, le véritable héritier des idées et de la politique de Chatham, c'est Fox.

Pitt, plus réservé, plus froid, moins versé dans les affaires du dehors, peu porté aux entreprises hasardeuses, tout occupé de ses réformes intérieures, ne prévoit certes pas alors que les événements vont l'obliger de renoncer peu à peu à ses goûts, à ses habitudes d'esprit, à sa politique modérée, libérale, pacifique, et le pousser, en quelque sorte, hors de lui-même.

En 1787, tandis que Fox s'efforce de nouer

des intelligences dans les cours du nord et de tourner la Russie contre nous. Pitt dit aux Communes : « Je n'hésite pas à m'élever contre cette idée. trop souvent exprimée, que la France est et doit rester l'ennemie irréconciliable de l'Angleterre ; mon esprit se refuse à cette assertion, comme à quelque chose de monstrueux et d'impossible : c'est une faiblesse et un enfantillage de supposer qu'une nation puisse être nécessairement et à jamais l'ennemie d'une autre. »

La Révolution va retourner les rôles.

Ce sera l'impérissable honneur de Fox d'avoir saisi du premier coup toute la portée du mouvement et d'être resté fidèle à l'esprit de 89 malgré la rupture de ses amitiés les plus chères, malgré la perte de son influence et de sa popularité.

Dès le début du grand drame, le 30 juillet 1789, il écrit au général Fitzpatrick, qui se rend à Paris :

« Combien ceci est le plus grand événement qui soit jamais arrivé dans le monde ! Et combien c'est le meilleur!... Dites, je vous prie,... au duc d'Orléans,... ainsi qu'à Lauzun, que toutes mes préventions contre les liens de ce pays avec la France touchent à leur fin; et, en effet, la plus grande partie de mon système de politique européenne sera changée si cette révolution a les conséquences que j'en attends. »

Mais, tandis que Fox se rapproche ainsi de la France. l'Angleterre va s'en éloigner chaque jour.

M. Villemain a raconté en détail [1] la rupture émouvante de Burke et de Fox, cette scission mémorable entre les whigs aristocrates qui, ne séparant pas la puissance et la liberté de l'Angleterre de ses anciennes coutumes féodales, de ses privilèges nobiliaires et ecclésiastiques, détestaient la Révolution française comme un scandale et un péril, et les whigs progressistes, qui y voyaient au contraire le triomphe des principes qu'ils avaient toujours défendus dans leur pays, et pour qui la *Déclaration des droits de l'homme*, loin de menacer la Constitution britannique, en était l'éclatante confirmation.

Fox, déjà fort affaibli par le rapprochement de Burke et de Pitt, le fut encore davantage par les violences qui souillèrent la Révolution, et qui en eussent compromis non seulement les résultats, mais les principes, si la justice pouvait jamais être atteinte par les crimes commis

---

1. Dans le *Tableau du* XVIIIe *siècle* et dans *la Tribune moderne*.

en son nom. Quelles furent alors les angoisses, les secrètes souffrances de cet homme généreux, dont les événements venaient contredire chaque jour les prédictions et semblaient condamner la politique. qui voyait se soulever contre lui, à la suite de Burke. tous ses anciens amis, — Portland. Spencer, Fitz-William. Loughborough, Carlisle. Malmesbury. Windham. Elliot. [1] — mais que sa foi maintenait ferme. dans son isolement. contre l'animadversion croissante de l'Angleterre et de l'Europe : c'est ce que nous apprennent ses papiers intimes, ses lettres à lord Holland. son neveu, qui voyageait alors sur le continent [2]. Il y a là des cris d'indignation contre le Manifeste de Brunswick. des cris de joie lorsque les Prussiens battent en retraite, mais aussi des cris de douleur au 10 août et au 2 septembre :

« J'avais à peine remis mon âme des événements du 10 août, lorsque l'horrible nouvelle du 2 septembre nous est parvenue, et réellement je regarde les horreurs de ce jour et de cette nuit comme l'événement le plus désolant qui soit

1. Son parti se réduisit, aux Communes de 160 voix à 50, et, aux Lords, à 10 ou 12.

2. *Memorials and Correspondence of Ch. J. Fox*, edited by John Russell, 1853, 1855.

jamais arrivé à ceux qui sont comme moi iné-
branlablement attachés à la vraie cause. »

L'Angleterre, excitée par l'exemple contagieux
de la France, se couvrit de clubs et de sociétés
secrètes; des meetings séditieux s'organisèrent
et de graves désordres éclatèrent à Londres. Fox
sentait mieux que personne le danger de ces ma-
nifestations qui compromettaient les intérêts de
sa cause en même temps que ceux de la liberté;
mais il était condamné par sa situation à combattre les mesures dirigées par le pouvoir contre
les actes révolutionnaires qu'il désapprouvait, de
même qu'il devait continuer à soutenir la théorie
de la paix alors que la nation presque entière la
regardait comme incompatible avec son honneur.
On pourrait se demander si M. Villemain a suffisamment insisté sur ce contraste entre le rôle
public et les sentiments intimes du chef de
l'opposition pendant la révolution française.

Nous aurions également des réserves à exprimer
mer sur sa conception du rôle politique de Pitt
à la même époque. D'un mot, nous dirons qu'il
nous a donné un Pitt tout d'une pièce, plus
grand que nature, ou du moins quelque peu
différent de la réalité. C'est ainsi, par exemple,
qu'il nous le représente, dès le début de la Révolution, attendant et préparant la division des

whigs afin d'anéantir toute opposition et d'entreprendre avec l'appui d'une majorité compacte cette guerre nationale qu'il projette déjà contre la France :

« N'avait-il pas dès lors l'ambition de se faire le chef et le défenseur des rois de l'Europe, et, à leur tête, d'entreprendre une lutte aussi longue que sa vie contre ce grand peuple qui allait déborder sur l'Europe? Dans la prévoyance de cette terrible épreuve, n'est-il pas à croire qu'il songeait que la liberté du gouvernement britannique peut quelquefois affaiblir son action, et qu'une guerre, pour être puissamment soutenue par l'Angleterre, a besoin d'être nationale, voulue par l'Angleterre? Les traditions de son illustre père étaient devant ses yeux pour lui dire que les efforts contre l'Amérique avaient été anéantis par la puissance d'une opposition qui sans cesse invoquait tous les sentiments généreux au profit des *insurgés*, et qui, refroidissant le zèle public pour une cause injuste, rendait la victoire des soldats anglais impopulaire et aggravait la honte de leurs défaites. C'est par là, bien plus que par d'autres motifs, qu'il faut expliquer la circonspection et la lenteur de Pitt. Pour entreprendre ce qu'il voulait, il attendait qu'il y eût peu de monde prêt à le

blâmer. Il sentait que, dans une lutte si terrible
à soutenir au dehors, l'opposition intérieure, si
elle était trop nombreuse, trop puissante, si elle
conservait tous ses chefs, serait mortelle à l'énergie de l'Angleterre; et il ne voulait pas attaquer
un peuple en révolution avec la moitié des forces d'un peuple libre. »

Eh bien, non! tout cela n'est pas exact : ni
en 89 ni en 90, ni en 91, Pitt ne songea à une
intervention armée.

Assurément, il serait excessif de prétendre que
« sa politique étrangère fut longtemps à peu près
nulle, et qu'il parut peu soucieux de détruire ou
atténuer les tristes effets de la paix de 1783[1] » :
car, en 1787, le roi de Prusse ayant armé pour soutenir le prince d'Orange, son beau-frère, dans ses
démêlés avec le parti démocratique des Provinces-
Unies, et le ministère français ayant manifesté
l'intention d'intervenir, Pitt parut se préparer à
la guerre et intimida par sa vigueur la cour de
Versailles, dont la faiblesse en cette circonstance
eut des résultats déplorables; dès lors il avait
relevé en partie au dehors le prestige de l'Angleterre, qui, l'année suivante, conclut une triple
alliance avec le roi de Prusse et le Stadthouder.

1. Rémusat.

Mais. lorsque la Révolution éclata, il se contenta d'assister aux premières convulsions de la France, pensant qu'elle y épuiserait ses forces. son sang, sa gloire ; il ne prévit nullement que l'Angleterre pourrait être menacée et forcée de combattre. La preuve en est que, en 1791, il fut sur le point de déclarer la guerre à la Russie, pour des griefs douteux : il est clair que. s'il avait eu à ce moment l'idée d'une lutte avec la France et d'une coalition européenne, il n'aurait pas songé à porter ailleurs son effort et à rompre avec une des puissances dont le concours lui devait être le plus utile. Ainsi. chose étrange ! c'est Fox, l'adversaire constant de la guerre, l'ami de la France, c'est Fox qui, en empêchant un conflit avec la Russie. a le plus contribué à rendre cette puissance, et par suite l'Angleterre, disponibles contre nous [1] ; et c'est au contraire Pitt, qui, par un de ses premiers actes de politique extérieure en 91. se fût mis dans l'impossibilité de combattre la Révolution en 93.

Au commencement de 92 encore, il disait à la Chambre : « Incontestablement, il n'y a jamais eu d'époque de l'histoire de ce pays où, d'après la

---

1. C'est à cette occasion que Catherine II plaça dans son cabinet le buste de Fox entre ceux de Démosthène et de Cicéron. Elle lui écrivit de sa main pour le remercier.

situation de l'Europe, nous pussions plus raisonnablement espérer quinze ans de paix que nous
ne le pouvons faire en ce moment. » Et ce n'é-
tait point là une déclaration platonique, ni une
manœuvre parlementaire, car il proposait en
même temps un dégrèvement considérable d'impôts. Au mois de novembre de la même année,
c'est-à-dire quand Louis XVI était depuis trois
mois déjà au Temple, lord Grenville, ministre
dirigeant de la Chambre des Lords et le membre le plus éminent du Cabinet après Pitt, con-
templait d'un œil fort tranquille le succès de
nos armes et se félicitait d'avoir résisté aux
avances de la coalition. Il écrivait à son frère :
« Nous ne ferons rien... Je suis de plus en plus
convaincu qu'on ne peut préserver mon pays
de tous les maux qui nous environnent qu'en
nous tenant entièrement à l'écart, et en veillant
bien à l'intérieur, mais en faisant très peu de
chose..... etc. » Au Parlement, ses collègues ne
tenaient pas un autre langage.

Bien plus : à ce moment, et jusqu'aux premiers
jours de décembre, Pitt cherche toujours à transiger avec Fox, à gouverner avec lui. Les lettres
et les Mémoires publiés par lord John Russell
nous font connaître le détail curieux de ces négociations. C'est le premier ministre qui fait les

avances, qui offre quatre places dans le Cabinet,
qui parait prêt à transiger sur les grandes questions pendantes, la réforme parlementaire, l'a-
bolition de la traite des noirs, l'abrogation de
l'acte du *test*, et même la politique à l'égard de
la France! C'est Fox qui se défie, qui fait des
difficultés et qui exige, comme garantie, soit l'a-
bandon de la Trésorerie à quelque personnage
neutre, soit l'exclusion de Pitt en même temps
que la sienne.

Le fait est que l'entente, si elle avait pu s'o-
pérer alors, n'eût point duré longtemps. Les
violences de la Convention, dont le contre-coup
ébranlait les institutions et jusqu'au trône britanniques, les provocations de Brissot contre
Pitt, qui se voyait à la veille d'être déclaré l'ennemi commun des peuples conviés en masse à
l'insurrection, le péril qui menaçait la Hollande,
devaient enfin lasser la patience du ministre et
engager l'honneur de la nation; et il faut bien
reconnaître qu'à ce moment la politique de non-
intervention devenait impraticable. Fox avait
beau dire, en rappelant éloquemment ses prédictions d'autrefois sur la guerre d'Amérique :
« Quel homme, aimant la Constitution de l'Angleterre et en portant les principes dans son
cœur, pourrait souhaiter le succès de Brunswick

après avoir lu son Manifeste? Je confesse que
j'ai ressenti une sincère tristesse, une vraie con-
sternation, car j'ai vu dans le triomphe de cette
conspiration : non seulement la ruine de la liberté
en France, mais la ruine de la liberté humaine » ;
Fox avait beau alléguer que les menaces de la
France n'étaient encore que des paroles bles-
santes, que la Hollande n'avait point invoqué
'appui de l'Angleterre son alliée ; puis, au point
de vue militaire et diplomatique, il avait beau
développer la pensée de Machiavel et de Montesquieu sur le danger d'attaquer un peuple en
révolution et d'y déchaîner une force sans limites, on doit avouer — et c'est M. de Rémusat qui parle — que ces arguments « ne réfu-
taient pas complètement la théorie de la guerre
à la veille du 21 janvier », et qu'à cette heure
suprême « la politique d'isolement, ou d'égoïsme
national, comme on voudra l'appeler, n'était
plus de saison. »

Ainsi, voilà la vérité. La guerre ne fut point,
chez Pitt, un système préconçu, comme semble
le dire M. Villemain ; il ne la commença qu'à son
son corps défendant, sous l'aiguillon de la nécessité et de l'opinion publique. Macaulay et
M. Guizot ont mieux touché ce point. Voici le
passage de Macaulay:

« Certains écrivains français l'ont dépeint comme un Annibal voué dès l'enfance par son père à une haine éternelle contre la France. comme ayant. par des intrigues mystérieuses et des prodigalités corruptrices. poussé les chefs des Jacobins à commettre les excès qui ont déshonoré la Révolution, et comme ayant été le véritable auteur de la première coalition. Ces écrivains ne savent rien de son caractère et de son histoire. Il était si loin d'être un ennemi mortel de la France. que ses louables efforts pour amener une alliance plus étroite avec ce pays au moyen d'un traité de commerce sage et libéral lui attirèrent les sévères reproches de l'opposition. Il eut à s'entendre dire dans la Chambre des Communes qu'il était un fils dégénéré, et que sa partialité pour les ennemis héréditaires de notre île devait faire frémir les ossements de son illustre père sous les dalles de l'abbaye de Westminster.

» Il n'aimait ni la guerre ni le pouvoir arbitraire. C'était un ami de la paix et de la liberté, mais qui fut entraîné par un courant contre lequel il était à peine possible qu'une volonté ou une intelligence humaine luttât sans être vaincue, et il fut ainsi poussé hors de la ligne que lui traçaient ses goûts et à laquelle ses facultés et son expérience le rendaient propre, pour adopter une politique qui répugnait à ses sentiments et qui n'allait pas à ses talents...

» Pressé à la fois par son maître et ses collègues, par d'anciens amis et par d'anciens adversaires, il renonça lentement et avec répugnance à la politique qui était chère à son cœur. Il travailla de toutes ses forces à éviter la guerre européenne. Quand la guerre européenne éclata, il se flatta encore qu'il ne serait pas nécessaire pour son pays d'y prendre part. Jusqu'à la fin de l'année, il continua de nourrir l'espoir que l'Angleterre pourrait rester neutre. Mais il était impossible de contenir les passions qui faisaient rage des deux côtés de la Manche. Pitt céda au courant [1]. »

M. Guizot s'est exprimé dans le même sens :

« La politique extérieure n'était pas naturellement et par goût sa première pensée, l'objet favori de son activité. L'agrandissement ou l'empire extérieur de l'Angleterre par la diplomatie ou la guerre n'était pas son désir dominant. Les affaires intérieures du pays, sa prospérité, le perfectionnement de ses institutions, le développement de ses forces propres et vitales, le progrès

---

1. Macaulay, *Essais historiques et biographiques*, 1859, (*W. Pitt.*) (Trad. Guillaume Guizot.)

de la justice envers tous et du bien-être de tous,
c'était la première et constante préoccupation de
M. Pitt. Bien différent en cela de son père, lord
Chatham, il avait surtout à cœur le bon gouvernement au dedans et la paix au dehors, convaincu que le bon gouvernement au dedans ferait
au dehors, dans l'occasion, la grandeur comme
la force de sa patrie, et prêt, s'il le fallait, à en
faire lui-même l'épreuve, mais sans la désirer...
... Quand la Révolution française éclata, il per-
sista d'abord dans son sentiment et son attitude
pacifiques ; il reconnaissait l'indépendance des nations quant à leurs affaires intérieures, et n'avait
nul dessein d'intervenir dans celles de la France.
Ce ne fut qu'à la dernière extrémité, et lorsque la Convention nationale ne lui laissa plus de
choix entre la paix et la guerre, que Pitt se
décida à la guerre, et entra dans la coalition
déjà formée contre la France. Une fois engagé
dans cette route, il y marcha avec son activité,
sa persévérance et son autorité naturelles. En y
marchant, il tomba dans beaucoup d'erreurs sur
les dispositions de la France, les mesures de la
guerre et les chances des événements ; il commit beaucoup de fautes, beaucoup d'actes inutilement hostiles et plus violents, plus irritants
dans l'exécution qu'ils ne l'étaient dans son in-

tention. Mais sa disposition générale ne chan-
gea point : il souhaita toujours le rétablissement
de la paix en France, saisit avec empressement
toutes les occasions d'entamer des négociations
dans ce dessein, éprouva toujours un vif regret
en les voyant échouer... [1] »

Au lieu de mener les événements, il fut donc
bien plutôt conduit par eux. Loin de lui en faire
un reproche, nous serions tenté de lui en faire
honneur, au point de vue anglais comme au
point de vue français, au point de vue des intérêts nationaux comme des intérêts supérieurs de
la civilisation.

1. Introduction à l'ouvrage de lord Stanhope, *W. Pitt
et son temps* (avril 1862).

V

Aussi bien y a-t-il quelque exagération à
penser que. une fois la lutte entreprise, « Il
demeura inflexible à tous les raisonnements
et même aux souffrances intérieures de son
pays[1]. » Certes, elles sont d'une contagieuse
éloquence et d'une superbe allure, les pages où
M. Villemain a osé proposer comme exemple à la
jeunesse française, douze ans après Waterloo,
l'opiniâtre constance du grand ministre anglais,
résistant aux démentis répétés de la fortune :

« Combien de fois vit-il ces coalitions qu'il
avait si laborieusement formées se briser, se
dissoudre sous le coup de foudre d'une victoire!

1. Villemain, XVIII° siècle.

Alors, renfermé dans son île, il attendait, il amon-
celait une guerre nouvelle. Il réveillait les craintes
il sollicitait les haines; il soldait, il enrégimen-
tait les peuples, et il redescendait encore sur ce
champ de bataille où son armée européenne
avait été vaincue. Dans le point de vue impartial et désintéressé qui nous est facile aujour-
d'hui , on est frappé du génie de cet homme,
d'autant plus que ce n'est point à la faveur du
pouvoir absolu qu'il obtient ces grands résultats.
Il n'est pas despote ou général. Battu au nord,
il ne peut pas traverser son empire silencieux et
aller chercher une victoire au midi. Il est vaincu,
les alliés de l'Angleterre ont fui, ont traité; des
milliers d'Anglais sont tombés sur le champ de
bataille; il faut qu'il rende compte de tout. Il
a des adversaires éloquents, implacables; il a
contre lui les reproches, l'humiliation de son
pays, tant de trésors prodigués en vain, de sub-
sides donnés d'avance, et dépensés par une défaite
avant d'être votés; et cependant sa fermeté, son
génie, son éloquence, lui donnent, à lui ministre
accusable et fragile, toute l'audace, toute la sta-
bilité d'un despote longtemps vainqueur. C'est
ainsi qu'au milieu des troubles de l'Irlande, d'une
détresse générale, d'une révolte de la flotte, on
le voit suffire à tout et diriger l'Europe. »

Oui, certes, nous partageons cette vive admiration pour un homme qui, dans l'effroyable tourmente, a continué de s'appuyer uniquement sur la légalité, même quand il la poussait aux limites de l'arbitraire, et qui, s'il a parfois suspendu l'exercice des libertés publiques, n'a jamais songé à abuser contre les institutions parlementaires de l'emportement des esprits et du pouvoir sans frein qu'il lui donnait. Mais, pour être tout à fait exact, il faut ajouter qu'il n'était ni si inflexible ni si inébranlable qu'il le paraissait et que M. Villemain l'a représenté. A mesure que les échecs se multipliaient, que le Trésor allait s'appauvrissant, que l'avenir devenait plus sombre, il n'eût pas mieux demandé que de laisser la France à elle-même, s'il avait pu le faire sans danger.

Ce qui le guidait, c'était la crainte des périls qu'elle faisait courir à l'honneur et à la puissance britanniques, bien plus que la haine des principes de sa Révolution. Pour lui, et quoi qu'en dit Fox, la guerre était surtout une guerre de défense, et, le jour où il eût pu négocier sans humilier l'Angleterre et sans s'humilier lui-même devant son rival, qui, en ce cas, eût été tout prêt à recueillir sa succession, il se fût volontiers retiré d'une entreprise dont il ne pouvait

prévoir le terme, et où s'engloutissaient les forces
de sa patrie avec sa propre gloire.

On sait le singulier reproche que cette modération même lui a valu de la part de Macaulay. —
reproche étrange surtout dans la bouche d'un
whig, d'un ami de Fox et de Grey : suivant l'auteur des *Essais*, Pitt aurait dû comprendre qu'il
avait à combattre non une nation, mais une
secte fanatique, le jacobinisme; que cette lutte
ne ressemblait à aucune autre, qu'il fallait en
faire une sorte de guerre sainte, de croisade, au
nom de la religion, de la morale, de la propriété, de l'ordre, du droit public; qu'enfin
puisqu'il ne prenait pas le parti de s'opposer,
avec Fox, au sentiment public, il aurait dû
suivre l'avis de Burke et mettre à profit ce sentiment dans toute sa portée.

Or, Burke lui-même s'est montré moins exigeant; il rendait hommage à la politique de
Pitt[1]. Et M. Guizot a parfaitement répondu à

---

1. Il lui écrivait, le 28 octobre 1795 : « J'ai la confiance
que vous êtes trop sage et trop généreux pour ne pas distinguer un zèle trop ardent peut-être d'une présomption
inconvenante, quoique leur apparence puisse être la même...
Mon anxiété pour mon pays m'a poussé à jeter mes pauvres
opinions à la tête d'un homme qui, je le reconnais, comme
je le dois, est par nature et par situation, bien plus capable que moi de juger sainement les choses. »

Macaulay : « C'est là un reproche de logicien et
de lettré, non d'homme politique. On ne gouverne pas les peuples et les événements comme
on développe un système ou comme on écrit un
livre, en suivant jusqu'au bout les conséquences
d'un principe, ou en s'abandonnant à l'élan d'un
sentiment ou d'une idée. C'est au contraire le
devoir comme le métier des gouvernements, de
tenir grand compte de la complication des faits
et de rester toujours en mesure de faire face à
des situations essentiellement variables. En luttant contre une révolution, M. Pitt eut raison de
ne pas devenir lui-même un révolutionnaire, de
penser à la paix au milieu de la guerre, et de
contenir son action dans les traditions et les
limites des pouvoirs réguliers. »

Dès que la tempête révolutionnaire fut apaisée,
la Prusse ayant traité avec la France et le général Bonaparte étant en Italie, il ouvrit les négociations et envoya un plénipotentiaire à Paris. On
sait comment ces ouvertures furent repoussées
par le Directoire. C'est alors que Fox, commettant une nouvelle faute par découragement[1], se
retira de la vie publique, s'abstint de prendre part

1. Lauderdale, qui ne le suivit pas dans sa retraite, disait
fort justement : « Sécession est un non-sens, ou veut dire
rébellion. »

aux travaux de la Chambre pendant deux sessions et laissa le champ libre à son adversaire.
(1798-1800) [1].

Ainsi, dans la période que nous venons de
traverser, les idées intimes de ces deux hommes
diffèrent sensiblement de leur rôle officiel et ex-

1. « Heureusement pour lui, cette pénible époque de sa
vie publique fut celle d'un changement inespéré dans sa
vie privée. Il vint à bout des passions de sa jeunesse. Tel
était le fond excellent de cette noble nature, qu'il se re-
trouva vers la maturité de l'âge toute la fraîcheur d'une
vive sensibilité pour les biens qui font le bonheur d'une
existence régulière et modeste. Le goût de l'étude et de la
campagne, les affections domestiques reprirent sur lui un
empire sans partage. Le jeu cessa de dévorer son temps et
sa fortune...

» Sa vivacité impétueuse et l'abandon de son caractère
l'avaient, pendant une trop longue jeunesse, entraîné à de
changeantes amours. On cite une femme qui portait le nom
funeste et gracieux de Perdita, avec laquelle il n'avait pas
craint de se montrer publiquement. Depuis quelques années,
mieux inspiré, il s'était attaché à une personne qui, malgré
une réputation compromise, n'était pas indigne de son affec-
tion. On lit dans quelques écrits que Mme Armitstead avait
attiré les regards de George II. Quoi qu'il en soit, elle sut
inspirer à Fox un sentiment sérieux que le temps calma
sans l'affaiblir. Par sa douceur, par son dévouement, par le
bonheur qu'elle lui donna, cette femme releva peu à peu la
situation qu'elle accepta près de lui. Après avoir habité
quelques années sa maison, sans prendre son nom, elle ac-
quit en 1795 le droit de le porter, quoique cette union n'ait
été rendue publique que sept ans plus tard. Dans toutes ses
lettres, il parle d'elle avec une vraie et délicate tendresse,
et c'est pour elle qu'il composa les seuls jolis vers, je crois,
qu'il ait faits. » (Rémusat.)

térieur. D'un côté, Fox est obligé de soutenir des alliés compromettants, d'excuser des crimes qu'il déteste, de combattre la guerre alors même qu'elle est inévitable : de l'autre côté, Pitt doit paraître décidé tandis qu'il délibère, cacher ses perplexités et ses hésitations sous les apparences d'une résolution intrépide, continuer la lutte alors même qu'il la voudrait voir finir. Tous deux sont poussés par les faits au delà de leurs propres sentiments.

C'est ici que nous pouvons saisir sur le vif un des phénomènes les plus fréquents de la politique, un de ceux qui dénotent chez les hommes d'État dignes de ce nom le plus de courage. Le philosophe, le critique peuvent se donner le plaisir d'envisager, d'apprécier tour à tour les aspects, les éléments divers, complexes, souvent opposés de toutes questions, de peser le pour et le contre en d'élégantes balances. Cette noble impartialité, cette liberté d'esprit n'est point permise au politique ; ou, du moins, il est obligé de les renfermer en lui-même et de n'en rien laisser paraître au dehors. Après qu'il a fait la somme des avantages et des inconvénients de telle ou telle mesure au point de vue de son parti et de sa cause, il doit se jeter tout d'un côté, avec toutes les ressources de sa raison et de sa passion, même

quand il sent, quand il sait, qu'il a laissé derrière lui — contre lui peut-être! — une partie
de la vérité et de la justice. Cette nécessité de
sacrifier ainsi une partie de soi-même, de mu-
tiler en apparence, si je puis dire, sa personna-
lité intellectuelle, afin de faire passer le gros de
ses idées, m'a toujours paru une des épreuves les
plus pénibles de la politique, une de celles qui
demandent le plus de force morale. Il en est
ainsi à la guerre, où un capitaine est forcé de
sacrifier une partie de ses hommes et parfois de
s'offrir lui-même aux blessures pour faire passer
le reste et enlever la place. Il y a là quelque
chose de dur qui doit froisser les esprits déli-
cats. Il est vrai que peu d'hommes politiques
paraissent en prendre souci; et peut-être que,
s'ils en souffraient, ils ne seraient plus des politiques.

VI

Fox reparut au Parlement avec éclat le jour où le Premier Consul fit au roi d'Angleterre de solennelles ouvertures de paix (3 février 1800). Jamais peut-être il n'avait déployé plus de verve, plus de raison, plus de véritable éloquence. D'une part, il alléguait les échecs multipliés de la politique tant combattue par lui, et qui semblaient autant de victoires pour la sienne; d'autre part, il n'essayait plus de justifier les Français, ni de recommencer le panégyrique de leur Révolution, par où il s'était compromis si longtemps en froissant le sentiment national et monarchique de ses compatriotes. Il se montrait plus impartial, et parlait uniquement au point de vue pratique,

au point de vue de l'intérêt immédiat de son
pays. Cependant, cette fois encore, une majorité
de deux cents voix donna raison à Pitt, qui,
dans un langage non moins beau, non moins
patriotique, avait dépeint et jugé Bonaparte « sans
colère, sans insulte, avec un secret respect et
une visible terreur pour la supériorité et l'activité de son génie », mais le croyant par cela
même incapable de la paix, et avait fait résulter
« la nécessité de la guerre, la passion de la
guerre, je dirai presque le droit de la guerre,
pour cet homme, de la situation où il s'était
placé, et du besoin qu'il avait d'assurer et de
compléter sa fortune. Il le regarde, il le représente comme une puissance fatale, poussée toujours devant elle, et qui doit marcher et grandir
jusqu'à sa chute, et il attend cette chute[1]. »

M. de Rémusat estime que Pitt méconnut l'importance du moment, et que ce fut une des
grandes fautes de sa vie : « Sa conduite subsé-
quente, dit-il, prouve... qu'il y eut tout simplement alors obstination, prévention, défaut de résolution et de sagacité, dirai-je le mot? *défaut
d'esprit.* »

Il est vrai que les événements lui donnèrent

---

1. xviiiᵉ *Siècle.*

tort, au moins momentanément, non en ses
idées sur Bonaparte, mais en son refus de négocier : cette paix qu'il avait repoussée quand
elle lui était offerte, la bataille de Marengo d'une
part et la disette de l'autre vinrent l'imposer à
l'Angleterre : il se retira. Mais ce qui prouve
combien, même dans sa retraite, le ministre
vaincu était accompagné par le sentiment national, et combien la politique de l'opposition y
répondait peu, c'est que le traité d'Amiens fut
signé, non par un ministère Fox, comme la pure
logique l'eût voulu, mais par le Cabinet Addington, composé d'hommes de second rang, de sous-
ordres de Pitt, qu'il laissa là, disait-on, « comme
son chapeau ».

« Jamais, dit M. de Rémusat, on n'eût consenti, par l'abandon du passé, à donner raison à cette opposition bruyante, offensante, qui,
d'ailleurs, *avec une vue plus juste des choses
prises dans leur généralité* (nous ne sommes point
de cet avis et nous dirons pourquoi), s'était sans
cesse trompée dans le détail et compromise par
une impuissante agitation. L'Angleterre, après
tout, n'avait rien perdu à la guerre ; seule peut-
être en Europe, après la France, elle en sortait
plus grande. »

M. Villemain et M. de Rémusat diffèrent d'avis

sur les motifs de sa démission. Suivant le premier, Pitt ne voulait pas attacher son nom à une
paix qu'il regardait comme provisoirement inévitable, mais absolument précaire; il redoutait
une invasion, et entendait se réserver pour les
luttes prochaines. Suivant le second, si « les
événements postérieurs ont tourné de manière à
autoriser cette conjecture,... le vrai Pitt n'avait
point ces proportions odieuses et gigantesques:
il n'était pas le promoteur forcené de la guerre à
tout prix... Sa conduite en 1801 s'explique par
des raisons plus modestes et plus honorables » :
il venait d'accomplir la réunion de l'Irlande à la
Grande-Bretagne [1], et il pensait avec raison
que l'émancipation des catholiques était la conséquence directe de cette mesure et la condition du
succès; l'intolérance du roi y mit obstacle et
provoqua la démission du ministre [2].

Que cette question des catholiques ait été en
effet l'occasion de sa retraite, cela est certain;

1. Bonaparte avait essayé, à diverses reprises, de soulever l'Irlande contre l'Angleterre.

2. De plus, Pitt demandait au roi de ne pas considérer
l'occupation du Hanovre par la Prusse comme un acte d'hostilité, et de ménager cette puissance afin de se conserver
une relation au moins sur le continent : le sacrifice était
trop grand pour un prince de la maison de Hanovre.

qu'il se fût chargé de négocier lui-même la paix [1],
nous le croyons volontiers ; mais qu'il ne prévît
pas la reprise des hostilités, et que, la prévoyant,
il ne nourrît pas l'espoir d'une revanche, cela
est difficile à admettre quand on connaît l'homme
et qu'on a lu ses discours.

En tous cas, si on peut le blâmer de n'avoir
pas accepté les offres pacifiques de Bonaparte au
début du Consulat, il faut reconnaître qu'en 1804,
au moment où le futur empereur avait entrepris
ses armements maritimes et où le camp de Boulogne menaçait les côtes britanniques, il n'y eut
encore une fois pas d'autre voie possible pour
l'Angleterre, et pour Pitt remontant au pouvoir,
que la politique de guerre et de coalition. Ainsi,
la justesse de ses vues était démontrée par les
actes téméraires du conquérant, et Fox lui-
même, tout en continuant de souhaiter la paix,
n'opposa qu'une résistance bien affaiblie à cette
guerre de défense, dirigée non plus contre un
peuple libre, contre une Révolution dont il aimait les principes, mais contre l'insatiable ambition d'un despote pour lequel ses craintes
patriotiques et ses idées libérales devaient lui
inspirer une égale aversion. En formant la dernière coalition avec la Russie et l'Autriche, Pitt

1. Cf. Thiers, *Consulat*, t. VI, p. 440 et suivantes.

réussit à éloigner l'ennemi ; mais, peu de temps
après l'affaire de Trafalgar, si glorieuse pour les
armes anglaises, la bataille d'Austerlitz vint briser
son dernier effort : il mourut le 23 janvier 1806,
le vingt-cinquième anniversaire du jour où il
avait pour la première fois pris place dans le
Parlement, dans sa quarante-septième année [1].
Il y avait près de dix-neuf ans qu'il était premier lord de la Trésorerie et chef incontesté du
gouvernement ; depuis que le régime parlementaire existe en Angleterre, aucun homme d'État
n'a conservé si longtemps le pouvoir suprême.

Cette fois, le roi fut bien obligé d'agréer Fox,
qui devint ministre des affaires étrangères.
M. Villemain, dans ses *Souvenirs contemporains*,
et M. de Rémusat, dans sa seconde étude sur
Fox, ont donné quelques détails sur les négociations qu'il noua alors avec Talleyrand [2]. M. Thiers

1. A cet âge, son père n'avait pas encore été ministre.
2. Il approuva hautement le traité d'Amiens et le défendit avec chaleur : « Je n'hésite pas à déclarer que j'aime
mieux faire la paix avec un ennemi, même à des conditions au-dessous des justes prétentions de mon pays,
pourvu qu'elles ne portent atteinte ni à son honneur ni à
sa sûreté, plutôt que de continuer la lutte pour telle ou telle
possession particulière. Je regrette que les circonstances
nous empêchent de conserver l'île de Minorque, et surtout
un point aussi important, à beaucoup d'égards, que l'île de
Malte. Mais l'acquisition de ces îles nous mettrait-elle en

et M. de Rémusat pensent qu'à ce moment, si Fox avait vécu, la paix eût été possible et durable [1]. M. Villemain en doute, et nous aussi.

En effet, les événements qui suivirent le traité de Presbourg ne paraissaient pas de nature à détendre la situation : la Prusse envahit le Hanovre ; Fox, qui toute sa vie avait soutenu la cause de la paix, fut obligé, pour début, de déclarer la guerre et « malgré les ménagements que, dans cet acte même, il parut garder pour le monarque français, on ne peut le nier, semblable surcroît d'hostilité n'était pas pour l'Angleterre un acheminement à la paix avec la France. » Et M. Villemain ajoute :

« Le ministre anglais, qu'une maladie mor-

état de contre-balancer le pouvoir que la France a acquis sur le continent? Elles nous vaudraient un peu plus de richesse : mais un peu plus de richesse serait acheté trop cher par un peu plus de guerre. Nous avons enfin la satisfaction de survivre à la violence de la fièvre révolutionnaire. Nous avons vu le jacobinisme perdre son prestige; nous l'avons vu dépouillé du nom et du prétexte de la liberté. Il s'est montré capable uniquement de détruire, jamais de fonder, et il a eu le despotisme militaire pour fin inévitable. J'espère que cette grande leçon n'aura pas été en vain donnée au monde. »

1. « M. Fox emportait avec lui la paix du monde, et la possibilité d'une alliance féconde entre la France et l'Angleterre. Si l'Angleterre avait fait dans M. Pitt une grande perte, l'Europe et l'humanité en faisaient une immense en M. Fox. » (Thiers, *Consulat*, t. VI, p. 564.)

telle allait consumer, croyait-il toucher au but qu'il avait indiqué si souvent aux autres? Y touchait-il même, et les derniers agrandissements de l'empire français lui paraissaient-ils un terme d'ambition auquel on pût se fixer comme base d'une paix durable? La chose est au moins douteuse. »

Il expira le 13 septembre 1806. à cinquante-neuf ans, après avoir combattu une dernière fois pour l'abolition de la traite des noirs; dans le monument funèbre élevé à la mémoire du grand orateur, à Westminster, un Africain agenouillé étend vers le lit du mourant ses bras dont les fers tombent en se brisant.

V

Il nous a fallu rappeler sommairement ces faits et ces jugements contradictoires pour instituer notre discussion : nous en tenons maintenant les éléments principaux; nous pouvons développer notre opinion, en mettre les motifs en pleine lumière, et conclure tout à la fois sur les deux hommes d'État anglais et sur les travaux de leurs historiens.

Les deux historiens de Fox ont une égale sympathie pour l'homme, une égale admiration pour l'orateur; mais tous deux n'apprécient pas de même sa politique.

Nous avons vu qu'en 1827 M. Villemain, dans son tableau de l'éloquence anglaise au

dix-huitième siècle, tracé à grands traits et d'une
main rapide autant qu'habile, avait mis Pitt au
premier plan, à la place d'honneur. Nous avons
montré qu'il avait parfaitement saisi et rendu
l'ensemble du personnage dans ses principales
lignes et dans son allure générale, mais que
cependant il avait forcé quelques traits et en
avait laissé d'autres dans l'ombre : de sorte que
çà et là une nuance de légende venait se mêler
à la réalité, et parfois son héros paraissait d'une
taille énorme et de proportions un peu fabuleuses. Par contraste, Fox se trouvait diminué
d'autant ; et, bien que le jugement exprimé alors
par M. Villemain sur sa politique fût à notre avis
absolument juste, les louanges accordées à son
rival le faisaient paraître plus sévère. Dans la
nouvelle étude de *la Tribune moderne*, c'est Fox
qui occupe la scène : cette fois, l'historien met en
lumière toutes les qualités, tous les talents de
l'homme et de l'orateur ; il indique à peine, parfois même il passe sous silence les fautes du
politique. Avec cette bienveillante impartialité
qui est un des signes distinctifs de son esprit, il
laisse au lecteur le soin de se former une opinion
sur le simple exposé des faits. On sent bien
d'ailleurs que, s'il concluait lui-même, il n'aban-
donnerait pas ses idées d'autrefois, et se pronon-

cerait. au point de vue politique, en faveur de
Pitt; mais il ne le fait point, et nous laisse
libres.

On a vu aussi comment M. de Rémusat, consa-
crant des études spéciales aux notes et aux correspondances intimes de Fox, a pénétré plus à
fond et suivi plus en détail la vie de l'illustre
whig et celle de son émule. Le Pitt de M. Villemain était plus idéal, celui de M. de Rémusat est
plus réel; et cependant, à notre avis, le premier
est souvent plus vrai que le second : de tous ces
faits exacts, de cette étude plus précise et plus
minutieuse, M. de Rémusat a tiré des conclusions
qu'on trouvera peut-être trop élogieuses pour Fox
et certainement trop sévères pour Pitt. Écoutons-
le en effet, en n'oubliant pas qu'au point de vue
français, il appartient à l'école historique de
M. Thiers, qu'au point de vue anglais il est whig.
qu'enfin il est un partisan absolu de l'alliance
anglo-française :

« Les amis de Pitt, ses continuateurs, ont dit
que sa politique avait triomphé sur sa tombe,
et. après nos malheurs, il ont reporté jusqu'à
lui l'honneur de leur victoire. Il n'en est pas
moins vrai que sa politique a, de son temps,
moins nui que servi aux progrès guerriers de la
Révolution, et qu'il a contraint ou autorisé son

ennemi à ces efforts immenses qui, pour leur
succès final, n'auraient eu besoin que de s'arrêter
à temps. Il ne s'en est fallu que d'un peu de
sagesse, ou d'une mort à propos, que le système
fondé par Pitt échouât. Les nécessités du moment,
les difficultés de la lutte ont amené sous lui et
après lui la formation d'un système et d'un parti
de gouvernement auquel on ne peut guère accor-
der d'autre mérite que celui du génie et de la
persévérance, mais qui, pour la justice, la modération, la générosité, la sincérité, la prévoyance,
risquait de mettre l'Angleterre au niveau des
monarchies du continent... Toute cette machine
de guerre n'a plus été, à partir de 1815, qu'un
instrument vieilli d'oppression... Si la politique
qui a voulu exploiter Waterloo est celle de Pitt,
ne parlez pas tant de sa durée ni de sa fortune.
Encore un peu de temps, et la victoire a passé
à la politique opposée... Depuis 1830, ce réveil
de la Révolution française, c'est la politique de
Fox qui gouverne l'Angleterre et qui préside à
ses relations avec la France. Certes, la France y
est pour quelque chose ; quand elle se montre
sous ses traits véritables, quand la Révolution
n'écoute que son bon génie, l'Angleterre a moins
de peine et de mérite à lui rendre justice ; les
fantômes évoqués par Burke s'évanouissent et les

choses apparaissent en pleine lumière. telles que
Fox s'obstinait à les voir, malgré le nuage orageux qui les cachait. Qui doute cependant que les
vrais intérêts, les vraies traditions de l'Angleterre,
le développement naturel de ses institutions et de
ses idées ne soient dans le sens de ce qui s'y
passe, et que depuis vingt-cinq ans (M. de Rémusat écrivait ceci en 1856), elle n'ait été en général gouvernée suivant sa nature ? Et qui donc a
eu l'honneur, il y a vingt-cinq ans, d'inaugurer
ce retour à la politique libérale ? C'est l'ami, le
lieutenant, l'héritier de Fox, c'est lord Grey. Oui,
c'est de Fox qu'il faut dire que sa politique a
triomphé sur son tombeau. »

Eh bien ! cette page éloquente ne nous paraît
pas toujours juste: voici pourquoi :

Il s'agit de savoir qui, au point de vue politique, avait raison, de Pitt, qui faisait la guerre,
ou de Fox, qui voulait la paix. Or, il est évident
qu'on ne peut sans injustice répondre à cette
question d'une façon absolue, et qu'il faut distinguer les époques.

La guerre est-elle sortie du cerveau de Pitt dès
le début de la Révolution française? A-t-elle été
chez lui un système préconçu? Est-ce aux principes de 89 qu'il a voulu s'attaquer? Nous avons
montré le contraire. Il a commencé la guerre

sous le coup des provocations de la Convention.
sous le coup des agitations et de la terreur que
les violences de cette assemblée excitaient en
Angleterre, pour défendre la sécurité, la Constitution et l'honneur de son pays. Qu'il ait voulu
en profiter pour accabler l'ennemi héréditaire,
pour ruiner sa marine et s'emparer de ses colonies, pour établir la suprématie de la Grande-
Bretagne non seulement sur la France. mais sur
ses propres alliés. qu'il ait rêvé, suivant l'expression de M. Thiers, de « rendre sa patrie maîtresse
du monde et d'être maître de sa patrie ». il n'eût
pas été un Anglais, il n'eût pas été le fils de
Chatham, il n'eût pas été un grand ministre, si,
dans une telle lutte, il n'avait pas conçu une
telle ambition [1]. Mais, quand les violences révolutionnaires eurent cessé, il ouvrit des négociations avec le Directoire. M. Thiers a donné raison
au gouvernement français de les avoir rompues,
et, en effet, les propositions de lord Malmesbury.
qui nous demandait simplement d'évacuer l'Italie
et le Rhin et de rendre les Pays-Bas à l'Autriche,
étaient inacceptables ; mais, de son côté, Pitt

1. Voir Thiers, *Révolution française*, tome VI, chapitre
20, et tome VII, chapitre 28 : comme quoi la guerre avec
la France avait, au point de vue anglais, d'excellentes raisons politiques.

pouvait-il admettre le prolongement de nôtre
ligne maritime jusqu'à Anvers, jusqu'au Texel,
dans la partie la plus dangereuse pour la frontière anglaise, en face des rivages sans défense
d'Essex, de Suffolk, de Norfolk, d'Yorkshire, alors
que la France, maîtresse des bouches de l'Escaut,
de la Meuse et du Rhin, était soutenue d'ailleurs
par la puissante marine espagnole?

Voilà pour la période conventionnelle et direc-
toriale.

En revanche, qu'il eût dû accepter la paix au
début du Consulat, cela n'est point douteux.
L'Angleterre était alors à la fois plus pauvre et
plus puissante : elle était en proie à la famine et
vaincue sur le continent, mais elle dominait toutes
les mers par ses colonies, sa marine, son commerce presque doublés. En repoussant les offres
de Bonaparte, Pitt commit une grande faute politique, dont le maître de la France, alors dans la
plénitude de son génie, tira des avantages considérables, et qui eut pour l'Angleterre les plus
funestes conséquences.

Mais est-ce à dire que, dans cette occasion, le
ministre anglais ait été entraîné par une haine
aveugle, par une rage folle contre notre pays,
comme l'a avancé M. Thiers et comme a paru le

croire après lui M. de Rémusat ? Faut-il admettre
à ce propos la parole du premier : « homme d'État
peu éclairé[1] », et celle du second, que nous avons
citée : « défaut d'esprit? » Faut-il, comme eux,
ajouter foi à la sincérité du Premier Consul s'a-
dressant directement au roi d'Angleterre avec
des formes si insolites et des termes si contraires
à sa propre nature et à ses secrets desseins ? Non :
la vérité, c'est, d'une part, que Bonaparte voulait
gagner du temps, s'attribuer aux yeux de la
France et de l'Europe le mérite d'avoir essayé de
rétablir la paix, faire retomber sur l'étranger
l'odieux et la responsabilité de la guerre, enfin
créer de nouveaux embarras au Cabinet anglais
en fournissant une arme puissante à Fox et à
l'opposition ; c'est, d'autre part, que Pitt avait,
pour repousser cette paix qu'on lui offrait avec
tant d'ostentation, des motifs politiques très
sérieux, très graves, que ses communications
intimes à ses coopérateurs et à ses confidents ne
permettent plus de contester : il croyait la France

---

1. C'est à ce moment, en effet, que M. Thiers prononce
cette parole pour la première fois. (*Consulat*, tome I, page
177.) Le mot est déjà bien sévère alors ; mais il devient
tout à fait injuste dans la suite, lorsque l'historien le dit,
non plus à propos des événements de 1800, mais d'une
manière générale, et en forme de jugement définitif sur
Pitt (II, 399).

beaucoup plus épuisée qu'elle ne l'était en effet ;
il pensait que la dictature militaire ne durerait
pas longtemps et qu'il était inutile de traiter avec
un pouvoir si peu assuré [1] : enfin il était sur le
point de recueillir le fruit de deux événements
dont les négociations lui auraient fait perdre le
bénéfice, l'évacuation de l'Egypte par les Français
et le débarquement d'une armée anglaise sur les
côtes de Brest [2].

« L'ardeur et l'impatience de ses désirs, dit
M. Lanfrey qui, sur ce point comme sur beaucoup d'autres, a démoli le système de M. Thiers,
faussèrent la justesse habituelle de ses jugements et lui exagérèrent démesurément les difficultés du gouvernement consulaire; il ne comprit pas que le Premier Consul ne demandait la
paix que par un calcul de popularité et pour
préparer la guerre, que le plus mauvais service
qu'on pût lui rendre était de le prendre au mot
en acceptant ses ouvertures [3] ».

Surtout il lui donna l'avantage en parlant du
rétablissement des Bourbons. Ce fut là évidemment la faute capitale de sa vie.

<hr/>

1. Voir lettre de Pitt à Dundas, 31 décembre 1799, dans
W. Pitt et son temps, par lord Stanhope.
2. *Idem*. 22 décembre 1799.
3. Lanfrey. *Histoire de Napoléon Ier*, tome II, ch. II.

Et cependant, même alors, et quoiqu'il se trompât sur une question de conduite, d'opportunité, n'avait il pas le sens profond des événements, n'était-il pas absolument dans la vérité historique? Rappelez-vous sa réponse aux propositions du Premier Consul :

« Il ne dépend pas de l'Angleterre de conclure la paix tant que les causes de la guerre continueront à subsister : ces causes sont uniquement dans ce système d'envahissement et de propagande qui a conduit les armées françaises en Hollande, en Italie, en Suisse, en Égypte, sans aucune provocation de la part de ces peuples. Tant que ce système ne sera pas abandonné, il n'y aura point de paix possible... [1]»

Rappelez-vous les mémorables débats du Parlement à cette époque : certes, jamais l'opposition n'eut partie plus belle; et pourtant qui donc, même à ce moment, voyait juste, des amis de Fox, — Erskine, Tierney, Whitbread, lord Grey, le duc de Bedford, lord Holland qui soulevait les rires de la Chambre haute en se portant garant de la « sincérité » de Bonaparte, — ou bien du jeune Canning et des ministres, Dundas, Grenville, qui rappelaient toutes les nations trom-

1. Dépêche de lord Grenville à M. de Talleyrand.

pées par l'homme d'Égypte et de Brumaire, la Sardaigne, Gênes, Venise, la Cisalpine, la Toscane, la Turquie, — autant de traités, autant de trahisons! — Rappelez-vous ce discours prophétique dans lequel Pitt déroula en quelque sorte aux yeux de ses contemporains toute l'histoire future du monde, et prédit les destinées de Bonaparte, l'accroissement inévitable, indéfini de son ambition, et enfin la libération des peuples par le triomphe de l'Angleterre [1], et comparez

1. « Ce discours de Pitt fut comme le programme du long duel qui allait s'ouvrir entre l'Angleterre et Napoléon. S'élevant, par une étonnante puissance d'intuition, au-dessus des considérations purement politiques, et devinant, avec la perspicacité de la haine, au moyen des données que lui fournissait le passé, le rôle que Bonaparte devait bientôt remplir, il peignit l'Angleterre comme le seul refuge contre les calamités qui allaient inonder l'Europe, et comme l'écueil contre lequel se briserait un jour cette fortune menaçante. L'Angleterre seule était restée inaccessible aux envahissements de la Révolution française. Il fallait lui garder ce privilège, il fallait sauver l'instrument qui devait servir plus tard à la libération du monde. Il valait mieux continuer la guerre que de traiter avec un homme sans foi. *Pacem nolo quia infida*, disait-il en empruntant un mot de Cicéron. Il avait, à la vérité, consenti à négocier avec la République, lors des conférences de Lille ; mais qui avait fait échouer ces négociations? le succès du 18 fructidor; et qui avait fait fructidor? le général Bonaparte. C'était grâce à lui qu'avait été réalisé ce premier essai de despotisme, qui ne le cédait qu'à celui de brumaire... Le sens général des luttes qui allaient suivre et de l'époque qui leur succéda était ainsi pressenti avec une

à ce langage la conduite de Fox, quelque temps
après, aux Tuileries, se laissant prendre aux as-
surances pacifiques et aux tirades philanthropi-
ques du conquérant, et ajoutant foi avec quelque
candeur à des phrases du genre de celle-ci :

remarquable justesse, mais aussi avec d'inévitables méprises
de détail, par l'homme dont la vie devait s'y consumer
jusqu'à la dernière heure. Il ne se trompait pas en identi-
fiant à Bonaparte le caractère envahissant qu'avait pris la
Révolution française dans sa politique extérieure des dernières années, mais il avait le tort d'oublier qu'elle avait
eu aussi d'autres passions et d'autres principes et, en négligeant cette distinction, il la mettait en quelque sorte
dans la nécessité de faire cause commune avec son chef;
en dénonçant la solidarité, il contribuait à la créer; de
même qu'en affirmant avec tant de violence l'antagonisme
de son pays avec Bonaparte, il fortifiait cet antagonisme,
lui donnait de nouvelles raisons d'être. Enfin, erreur plus
grave que toutes les autres, il supposait la France épuisée,
hors d'état de soutenir une longue lutte, mal disposée en
faveur du nouveau despotisme. Or, c'était là la plus fausse
des hypothèses, et, par cela seul que sa politique prenait le
caractère d'une intimation signifiée à la France au nom
d'une rivale détestée, il décuplait les forces de l'ennemi
dont il considérait la ruine comme imminente. Il n'en
reste pas moins vrai que le principal obstacle au succès de
cette négociation fut la défiance qu'inspirait le caractère et
le passé de Bonaparte : si ce ne fut pas là le motif déter-
minant de Pitt, ce fut incontestablement celui qui lui
servit à entraîner l'opinion publique. Toutes les discussions
du Parlement portèrent sur ce point unique, circonstance
que le *Moniteur* dissimula de son mieux par une cynique
altération des discours ministériels. » (Lanfrey. *Histoire de
Napoléon I*er, t. II, ch. II.)

« Il n'y a que deux nations : l'une habite
l'Orient, l'autre l'Occident. Anglais, Français,
Allemands, sont de même race. Toute guerre
est une guerre civile ! »

VIII

M. Thiers a affirmé, d'après plusieurs contemporains de Pitt très liés avec lui et mêlés aux
négociations ministérielles de 1802, « qu'il n'a-
vait prévu ni la paix d'Amiens, ni sa courte
durée », et que, entouré d'embarras effrayants,
il ne fut pas fâché d'échapper à cette situation
sous le prétexte de l'émancipation catholique [1].

D'abord, si en effet Pitt se sentit incapable de
faire face aux difficultés de la situation, il savait
bien qu'Addington en serait encore moins
capable que lui, et alors il est difficile d'admettre
qu'il ne songeât pas à l'éventualité de la paix.

1. *Histoire du Consulat et de l'Empire*, t. II, livre IX,
p. 395.

Ensuite, il est si peu exact que Pitt ait reculé devant une situation plus forte que son courage, que, moins d'un mois après l'offre de sa démission, se considérant comme dégagé pour un temps envers les catholiques par les efforts qu'il venait de faire en leur faveur, et par l'aggravation que le nouvel accès de folie du roi apportait à la situation du gouvernement et du pays, il autorisa de secrètes démarches auprès d'Addington, afin de le décider à résigner le ministère ; celui-ci fit la sourde oreille. Loin de se dérober aux responsabilités, Pitt se regardait comme l'homme nécessaire.

Enfin, une fois le traité d'Amiens signé, il n'est guère plus aisé de comprendre qu'il ait cru à une paix perpétuelle ou même prolongée. D'ailleurs, comment les autres auraient-ils pu définir exactement sa pensée, alors que lui-même sans doute interrogeait l'avenir? Les sentiments que M. Thiers lui prête en cette occasion sont contraires à ses idées sur Bonaparte, comme aux espérances qu'il devait conserver.

« Le ministère sortant, disait-il le 18 mai (trois mois et demi après sa retraite), a trouvé moyen, au milieu de ses échecs, de dépouiller nos ennemis de presque toutes leurs possessions coloniales, d'annihiler presque toutes leurs forces

maritimes, de leur enlever leur commerce et de
nous l'approprier, tout en maintenant la sécurité de nos possessions sur les divers points du
globe. »

Oui, tout cela était vrai : la situation de l'Angleterre n'était pas désespérée ; elle portait avec
aisance les charges écrasantes de la guerre, et Pitt
avait trouvé l'unanimité dans le Parlement pour
son dernier budget.

Du reste, les conférences mêmes d'Amiens et
les événements qui suivirent la conclusion du
traité ne réfutent-ils pas sur ce point l'interpré-
tation de M. Thiers? Bonaparte n'avait-il pas mis
comme première condition aux négociations
qu'on y laisserait de côté tous les changements
accomplis en Europe [1] ? L'Angleterre. ayant surtout besoin de repos, ne pouvant ni les empêcher ni les approuver, avait consenti à les passer sous silence, mais en faisant des réserves :
d'où Bonaparte avait conclu que « puisque l'Angleterre refusait de reconnaître les nouveaux
États, elle perdait le droit de se mêler de leurs
affaires et de se plaindre de leur complète in-
corporation à la France »[2]; et le traité était

1. Talleyrand à Joseph, 20 novembre 1801.
2. Note lue par Joseph à lord Cornwallis, à Amiens,
le 21 février 1802.

à peine signé, qu'il annexait en effet le Piémont
et l'île d'Elbe, inondait l'Angleterre d'espions,
d'ingénieurs, de pamphlétaires, la faisait outrager,
à Paris et à Londres, par une presse vénale,
agitait l'Irlande, envoyait Sébastiani dans le Le-
vant [1], se proposait, suivant une prétention
formulée à Amiens [2], de fermer au commerce
britannique les ports de tous les pays soumis à
sa domination, intervenait insolemment [3] dans
les affaires intérieures de cette grande et fière
nation dont la presse libre l'exaspérait, enfin
envahissait la Suisse, et répliquait aux légitimes
protestations du Cabinet britannique par la fameuse déclaration du 23 octobre, par la menace
du blocus continental, de la conquête de l'Europe et de la reconstitution de l'empire d'Occident [4]. Ainsi, sept mois à peine s'étaient
écoulés, et les prédictions de Pitt se trouvaient
réalisées de point en point. Comment admettre
après cela qu'il ait pu croire à la durée de la
paix?

Lorsqu'en novembre, à l'ouverture du Parle-

1. Voir, sur le véritable caractère de cette mission : Bonaparte à Sébastiani, 5 septembre 1802.
2. Protocole du 21 février.
3. Voir Note de Otto, 17 août.
4. Talleyrand à Otto. Voir Thiers, Lanfrey, etc.

ment, le faible Addington, après tant de belles
promesses et malgré ses bonnes intentions, vint
déclarer qu'il fallait de nouveau se préparer à la
guerre, tous les adversaires du Cabinet eurent
beau jeu pour l'accabler. Voilà donc ce qu'elle
avait duré, cette paix dont il était si fier, cette
paix signée au mépris de leurs prévisions ! Les
ministres avaient-ils pu se flatter que le Premier
Consul allait du jour au lendemain changer de
système et de nature ? Ne l'avaient-ils pas vu
pendant la négociation même des préliminaires
de Londres et du traité d'Amiens, s'établir en
Hollande, s'emparer de la République Cisalpine,
vendre à beaux deniers la Toscane, étendre la
main sur le Piémont ? N'y avait-il rien là de
menaçant pour l'indépendance de l'Angleterre ?
Voulait-on attendre qu'il se fût emparé de tout
le continent pour agir ? Sheridan, converti à la
cause de la guerre, s'écriait : « Bonaparte a fait
un pacte avec les Français; ils consentent à lui
obéir, mais à la condition qu'il les rendra les
maîtres du monde ! »

Toute l'Angleterre applaudissait à ces paroles,
et vraiment est-il possible d'approuver la politique de Fox, qui, seul, défendait encore à ce
moment, non le Cabinet, non le gouvernement
consulaire, — ils n'étaient pas défendables ! —

mais la cause désespérée de la paix? M. Lanfrey, qui l'a jugé à ce propos avec une rigueur bien compréhensible, a dit que « ses belles qualités étaient peut-être plus littéraires que politiques. » C'est aller sans doute un peu loin; mais il est vrai aussi que Fox, après avoir nié devant la Chambre qu'il y eût dans les derniers actes du Premier Consul une entreprise formée contre l'indépendance des nations européennes, n'était pas éloigné de l'avouer dans l'intimité; peu de temps après son discours, il écrivait à Grey : « Peut-être pourrai-je convenir avec vous que l'affaire de la Suisse *est une juste cause de guerre :* mais vous conviendrez avec moi que ce n'est là qu'un prétexte bas et hypocrite qui n'en impose à personne, et que notre victoire aurait pour résultat l'acquisition de Malte, du Cap, tout autre chose en un mot que l'indépendance de la Suisse. » On voit par là qu'il contestait moins la légitimité de la guerre que la droiture des intentions de ceux qui la voulaient faire.

C'est donc Bonaparte seul qui fut responsable de la rupture entre l'Angleterre et la France en 1803; lui seul fut l'auteur de cette seconde et effroyable lutte, de ce duel à mort qui bouleversa l'univers, retarda pour si longtemps les progrès de la civilisation, et prépara la domination du Nord sur

l'Occident divisé. Et si, au moment où il était au
camp de Boulogne, où il méditait la conquête
de Londres, Pitt parut seul de taille à défendre
encore une fois la patrie et à la sauver, et s'il la
sauva en effet en détournant le péril par une
nouvelle coalition, faut-il donc l'accuser, comme
l'ont fait ses contemporains, ses compatriotes
ingrats, du dernier et mortel revers que le sort
des armes vint infliger, non à ses idées, mais à
sa fortune ?

Enfin M. de Rémusat a adopté cet avis de
M. Thiers : que si, après la mort de Pitt, en 1806,
Fox avait vécu plus longtemps, il eût pu assurer
à l'Europe a paix définitive Cette opinion était
celle que Napoléon lui même s'était efforcé d'ac-
créditer : « La mort de Fox a été une des fata-
lités de ma carrière... S'il eût vécu, la cause des
peuples l'eût emporté et nous eussions créé un
nouvel ordre de choses en Europe [1]. » M. Villemain, nous l'avons vu, s'est gardé de tomber
dans cette erreur, et ici encore les faits lui donnent raison : « Fox, après toutes les effusions phi-
lanthropiques par lesquelles il crut devoir débuter
avec l'empereur, fut forcé de revenir purement
et simplement à la politique de Pitt, et le pre-

---

1. Las Cases.

mier effet produit sur Napoléon par l'élévation de
Fox au ministère, fut de le rendre beaucoup plus
exigeant envers les puissances continentales[1]. »
Ainsi parle M. Lanfrey qui, le premier, a fait la
lumière sur la diplomatie impériale à ce moment,
et percé à jour, documents en mains, les intrigues
et le double jeu de l'empereur : d'une part, Napoléon fait semblant de négocier avec l'ambassadeur d'Angleterre, lord Yarmouth, sur les bases du
traité d'Amiens, et en même temps, d'autre part,
il arrache en secret à l'ambassadeur de Russie,
M. d'Oubril, un traité provisoire qui lui donne la
Sicile et la domination de la moitié de l'Allemagne : puis il démasque tout à coup ce traité
comme s'il était définitif. Fox témoigne aussitôt
son mécontentement à lord Yarmouth et lui ad-
joint lord Lauderdale, chargé de tenir un langage
plus énergique et de revenir au point de départ de
la négociation, c'est-à-dire au maintien du *statu
quo*. L'empereur Alexandre, de son côté, repousse
avec mépris le traité dérisoire que Napoléon a
imposé à l'indécision d'Oubril.

« Ainsi l'entente la plus complète, dit M. Lanfrey, se trouvait du même coup rétablie entre
l'Angleterre et la Russie. Toute cette combinaison

1. Lanfrey, tome III, chapitre IX.

mesquine et perfide était déjouée. Fox, le dernier
partisan de la paix au sein du Cabinet anglais,
mourait le 13 septembre, guéri un peu tard de
toutes ses illusions au sujet du grand empereur.
Les légitimes exigences de l'Angleterre à l'égard
de la Sicile, se trouvant compliquées de celles que
la Russie renouvelait pour son propre compte
relativement au roi de Naples, au roi de Sardaigne, à la Dalmatie, la négociation pouvait encore
traîner;... mais elle était dès lors mise à néant.
Ainsi échoua cette tentative si importante pour la
paix du monde. Quelles que soient les subtilités
qu'on entasse pour obscurcir et dénaturer les faits,
il est une conclusion à laquelle il est impossible
de se dérober : c'est que la guerre resta ouverte
entre la France d'une part, la Russie, l'Angleterre
et, par suite, la Prusse de l'autre, pour un motif
unique : le refus de Napoléon de céder la Sicile,
où pas un de ses soldats n'avait encore mis le
pied... »

Donc, si Fox avait vécu et était resté ministre,
il aurait dû, lui aussi, faire la guerre; il aurait
fatalement continué et consacré au pouvoir la politique qu'il avait toujours combattue dans l'opposition. Il vaut peut-être mieux pour sa gloire que
la contre-épreuve ait été interrompue dès le début.

Voilà pour la période consulaire et impériale.

IX

A notre sens. tous ces faits, qui prouvent que l'ambition de Napoléon était incompatible avec la paix du monde, répondent victorieusement aux conclusions de M. de Rémusat. Il est clair que l'historien de Fox a subi très vivement, trop vivement, l'influence de M. Thiers. L'auteur du *Consulat et de l'Empire*, ayant soutenu la politique de Napoléon jusqu'à l'apogée de sa fortune, jusqu'à Austerlitz. c'est-à-dire précisément jusqu'à la mort des deux hommes d'État anglais, a naturellement pris le parti de celui qui défendait son héros contre celui qui le combattait, et, malgré l'impartialité qu'il s'est efforcé de garder envers le chef de la coalition, son

patriotisme lui a parfois inspiré des paroles d'une
sévérité excessive. Dans les belles pages qu'il a
consacrées à ce ministre, après avoir exposé
éloquemment toutes les difficultés du gouvernement parlementaire et après avoir reconnu que
« jamais, dans les temps modernes, on ne trouva
un plus habile conducteur d'assemblées », il
ajoute : « C'est en cela surtout que Pitt fut remarquable, car il n'eut... ni le génie organisateur,
ni *les lumières profondes de l'homme d'État...*
Il se trompa souvent sur les forces relatives
de l'Europe, sur la marche des événements ;
mais il joignit aux talents d'un grand orateur
politique l'amour ardent de son pays... Il résista
à la grandeur de la France et à la contagion
des désordres démagogiques avec une persévérance inébranlable, et maintint l'ordre dans son
pays sans en diminuer la liberté. Il le laissa,
chargé de dettes, il est vrai, mais tranquille pos-
sesseur des mers et des Indes. Il usa et abusa
des forces de l'Angleterre ; mais elle était le
second pays de la terre quand il mourut, et le
premier huit ans après sa mort[1]. »

S'il est juste de dire qu'il n'eut pas « le génie
organisateur », qui donc eut plus que lui « les

---

1. *Histoire du Consulat et de l'Empire*, tome VI, livre XXIV.

lumières profondes de l'homme d'État ? » S'il s'est
trompé dans le détail sur « la marche des événements », et cela était inévitable, si notamment
il a mal calculé nos forces après le Directoire.
quelqu'un a-t-il mieux pénétré Napoléon, quelqu'un a-t-il saisi avec une intelligence plus forte
l'ensemble des faits historiques, quelqu'un a-t-il
auguré de l'avenir avec plus de perspicacité ?

Macaulay, à son tour. l'a représenté « comme
un ministre d'un grand talent, d'intentions honnêtes et d'opinions libérales. admirablement
propre par les dons de son esprit et de son
caractère à jouer le rôle d'un chef parlementaire.
capable d'administrer avec prudence les affaires
d'un pays prospère et tranquille, mais insuffisant
en face de crises inattendues et terribles. et sujet.
en pareil cas, à se tromper cruellement et à pé-
cher tout à la fois par violence et par faiblesse. »

Il faut savoir gré à Macaulay de sa modération
relative : car on sait que le brillant écrivain
n'a jamais cherché l'impartialité : il fut. dans
ses écrits comme au Parlement. un whig résolu:
il fut le disciple de Fox. le collègue de Grey.
Certes, il avait beau jeu d'opposer à l'autorité de
Pitt devant les Chambres son inexpérience des
choses de la guerre, et de faire un parallèle
entre ses triomphes à Westminster et ses défaites

sur les champs de bataille [1]. Les brillants succès de l'orateur, qui masquaient à demi aux yeux

[1]. « Nous semblerons peut-être tomber dans le paradoxe
si nous disons que l'incapacité montrée par Pitt dans tout
ce qui touchait à la conduite de la guerre est en quelque
manière la preuve la plus concluante de ses facultés extraordinaires. Et cependant c'est la simple vérité, car il est
certain que la dixième partie de ses fautes et des désastres
qui s'ensuivaient aurait été fatale au pouvoir et à l'influence
de tout ministre qui n'aurait pas possédé au plus haut degré
les talents d'un chef parlementaire. Tandis que ses projets
étaient confondus et ses prédictions démenties par les faits,
tandis que les coalitions qu'il avait cherché à former tom-
baient en pièces, tandis que les expéditions qu'il avait en-
voyées avec des frais énormes finissaient par la déroute et
le déshonneur, tandis que les ennemis contre lesquels il
luttait faiblement subjuguaient la Flandre et le Brabant,
l'Électorat de Mayence et l'Électorat de Trèves, la Hollande,
le Piémont, la Ligurie, la Lombardie, son autorité sur la
Chambre des Communes devenait tous les jours plus absolue. Là était son empire, là étaient ses victoires, son Lodi
et son Arcole, son Rivoli et son Marengo. Si quelque grand
coup de la fortune, une bataille rangée perdue par les
alliés, l'annexion d'un nouveau département à la République
française, une insurrection sanglante en Irlande, une
rébellion à bord de la flotte, une panique dans la cité, ou la
banque assaillie de demandes de fonds, venaient à jeter
le désarroi dans les rangs de la majorité, tout était oublié
dès que Pitt se levait du banc ministériel, redressait sa tête
hautaine, étendait le bras avec un geste d'autorité, et laissait couler de ses lèvres, avec un accent profond et sonore,
le majestueux langage d'une résolution inflexible et d'un
inépuisable espoir. Ce fut ainsi qu'au travers d'une longue
et funeste période, chaque désastre qui survenait hors du
Parlement était suivi d'un triomphe parlementaire. »

(Macaulay, *Essais*.)

de ses concitoyens les faiblesses du chef du gouvernement, ne font plus illusion à la postérité
sur les défaillances de la politique que les événements lui avaient imposée. Mais, en bonne
justice, est-ce lui qu'il faut rendre responsable
du sort des combats ? On lui a fait un crime de
la défaite d'Austerlitz; ne fallait-il pas, au contraire, lui faire honneur d'avoir par sa diplomatie préservé son pays d'une invasion en
portant au loin le théâtre de la lutte ? N'était-ce
pas là son vrai rôle, et, parce qu'il y a excellé,
est-on bien venu à lui reprocher de n'avoir pas
joint à ces mérites des talents d'un autre ordre ?

Nous eussions mieux compris les reproches de
lord Macaulay et de M. de Rémusat s'ils avaient
entendu le rôle initial du ministre anglais dans
la guerre comme M. Villemain avait paru l'entendre en 1827. Si, en effet, Pitt a été l'auteur
principal des événements, si c'est lui qui a créé
ce système de guerre et de coalition, si c'est lui
qui a préparé, conduit personnellement ce gigantesque dessein, oui, alors on conçoit que vous
le rendiez responsable des revers et de l'appau-
vrissement de son pays, des échecs de sa politique pendant sa vie et même après sa mort.
Mais non : vous reconnaissez qu'il a obéi bien
moins à ses inspirations personnelles qu'à la

nécessité, à la logique des faits, à l'opinion de
ses concitoyens, et vous l'accusez des succès de
son ennemi !

Pour condamner absolument cette politique,
non au point de vue des principes, mais des
résultats, il faut supposer, comme vous le faites,
que, si Napoléon se fût arrêté, ou était mort
après Austerlitz, son œuvre eût été durable. Or
c'est là, nous l'avons prouvé, une hypothèse
inadmissible : au lendemain du traité de Presbourg et de la mort de Pitt, Fox lui-même fut
contraint, en prenant le pouvoir, de prendre
aussi les armes ; et, si la guerre ne s'était pas
rallumée à ce moment et sur ce point, elle n'eût
certainement pas tardé à renaître sous une autre
forme.

D'ailleurs, une telle hypothèse n'est-elle pas
une base singulièrement fragile pour construire
un raisonnement historique? Si Napoléon s'était
arrêté après Austerlitz, dites-vous, la politique de
Pitt eût échoué. Mais alors pourquoi ne dirait-
on pas en sens inverse : si, à Marengo, quand la
bataille était déjà perdue et notre armée coupée
en deux, Desaix n'était pas arrivé comme par
miracle au secours de Bonaparte, et si Keller-
mann n'avait pas fait une heureuse charge de
cavalerie, Pitt aurait eu raison de ne pas signer

la paix quelques semaines auparavant? Et certes,
cette seconde supposition serait plus raisonnable
que la première : car il est facile de concevoir
qu'à Marengo, Desaix aurait pu arriver quelques
minutes plus tard, tandis qu'il n'est guère possible d'admettre que l'édifice napoléonien, élevé
à la hâte et sur un sol mouvant, eût pu subsister tel qu'il était au lendemain d'Austerlitz.

Que le système de Pitt, — si l'on peut appeler
système l'ensemble de sa politique extérieure à
partir de 93, — que cette politique ne dût pas lui
survivre, cela est trop évident. C'était une politique d'exception, comme le régime auquel la
Révolution, puis l'Empire, soumirent l'Europe,
fut un régime d'exception. Née d'événements
extraordinaires, elle ne pouvait que cesser avec
eux.

Est-il bien juste de faire remonter à Pitt la responsabilité de certaine politique qui a été suivie
après 1815, des actes et des idées d'un Castlereagh, par exemple[1] ? En raisonnant de la sorte,
ne pourrait-on pas concevoir, au contraire, que,
si Pitt avait vécu assez âgé pour voir le triomphe de l'Angleterre à Waterloo, il eût voulu cou-

1. Même avant 1815, la politique guerrière et diplomatique de Castlereagh ne fut souvent qu'une parodie de celle
de Pitt.

ronner sa carrière à l'intérieur par les grandes
réformes libérales dont il était toujours resté, en
somme, le défenseur théorique, mais que les dures
nécessités de la lutte contre les excès révolutionnaires et le despotisme impérial ne lui avaient
laissé ni le temps ni la force d'accomplir, et dont
la gloire fut réservée aux whigs? L'évolution fameuse d'un de ses brillants élèves, Canning, après
le suicide de Castlereagh, n'autorise-t-elle pas
cette conjecture? Mais, s'il a consumé sa vaste et
lumineuse intelligence dans cette tâche ingrate,
éphémère et relativement inférieure, au lieu de
la consacrer à une œuvre de paix vraiment
grande, au progrès de son pays et de ses semblables; et si, après lui, les événements étant
changés, d'autres hommes, animés des mêmes
craintes, des mêmes haines, mais n'ayant pas
son génie, ont tiré de sa conduite des conséquences fausses et voulu faire un système permanent de ce qui n'avait été qu'une contin-
gence, est-ce donc Pitt qu'il en faut accuser, ou
bien Bonaparte, dont la folie ambitieuse a res-
serré et ameuté l'Europe contre nous?

« Sa mémoire, dit Macaulay, a moins souffert
du fait de ses assaillants que du fait de ses admi-
rateurs. Pendant bien des années, son nom a
servi de cri de ralliement à une classe d'hommes

à qui il était diamétralement opposé sur presque toutes les grandes questions de principes, bien qu'il se fût trouvé accidentellement lié avec eux dans une de ces crises terribles qui confondent toutes les distinctions ordinaires des partis. Les ennemis de la réforme parlementaire invoquaient le nom de M. Pitt, sans se souvenir que Pitt avait fait trois propositions en faveur de la réforme parlementaire, et que, tout en ne croyant pas qu'on pût accomplir avec pleine sécurité une pareille réforme au moment où les passions excitées par la Révolution française étaient dans toute leur violence, il ne prononça jamais un mot d'où l'on pût conclure qu'il ne fût pas disposé à présenter la question pour la quatrième fois dans un moment plus favorable. Le jour anniversaire de la naissance de M. Pitt était une occasion de boire au maintien de la domination du protestantisme, parmi certains partisans de Pitt qui ne pouvaient pas ignorer comment il avait donné sa démission parce qu'il ne pouvait faire accepter l'émancipation des catholiques. Les défenseurs de l'acte du *Test* invoquaient le nom de M. Pitt, alors qu'ils ne pouvaient pas ne pas savoir que Pitt avait exposé à George III des raisons sans réplique pour abolir l'acte du *Test*. Les ennemis du libre-échange invoquaient le nom de M. Pitt,

bien que Pitt fût plus profondément imbu des
doctrines d'Adam Smith que M. Fox ou lord
Grey. Les marchands d'esclaves eux-mêmes invoquaient le nom de M. Pitt, bien que son éloquence ne se soit jamais déployée avec plus d'é-
clat que lorsqu'il parlait des infortunes des nègres. Ce personnage mythique, qui ressemble
aussi peu au véritable Pitt que le Charlemagne
de l'Arioste au Charlemagne d'Eginhard, ce Pitt
imaginaire a fait son temps. »

X

On dit que, depuis 1830, c'est la politique de
Fox qui a triomphé, et l'on veut bien reconnaître
que la France a été « pour quelque chose » dans
cet heureux accord des deux pays (par où l'on
admet implicitement qu'elle avait été « pour quelque chose » dans la rupture). Mais pourquoi ne
pas dire que c'est la politique de Pitt qui a
triomphé d'abord à Waterloo ? Et il faut croire
qu'elle était bien dans l'instinct de l'Angleterre
et dans la logique de la situation, puisque, dès
le lendemain de la mort de Fox, elle prévalut
de nouveau, quoique avec des instruments bien
inférieurs, — que dis-je, puisque Fox lui-même,
poussé par la force des choses, en fut, dans son

dernier et court passage aux affaires, le conti-
nuateur inconscient, ou au moins involontaire.

« Les événements, dit M. Guizot ont donné
pleinement raison à M. Pitt : car, si, dans le cours
de sa vie et au moment de sa mort, il éprouva
bien des mécomptes, le succès définitif n'a certes
pas manqué à sa politique extérieure continuée
par ses disciples, devenus ses successeurs. [1] »

Et enfin, si l'on admet avec M. de Rémusat
que Fox était dans la vérité, que sa politique
eût été praticable et bienfaisante, non seulement
en 1789 et en 1800, mais en 1793 et en 1804,
ne faut-il pas regretter d'autant plus les fautes,
les erreurs qui l'éloignèrent du pouvoir et qui
contribuèrent à y élever son rival? Ne doit-on
pas le blâmer de s'être mis dans l'impossibilité

---

1. Viel-Castel : « Pitt ne put empêcher la République et
ensuite Napoléon de mettre à leurs pieds l'Europe continentale ; mais il préserva l'Angleterre de cette humiliation ;
il lui assura, par une série de victoires éclatantes, l'empire absolu de la mer, qui devait être plus durable pour
elle que ne le fut pour Napoléon la domination du continent ; enfin, la dernière coalition qu'il dirigea et dont les
revers rendirent si douloureux ses derniers moments fut
en quelque sorte le germe de celle qui, neuf ans plus tard,
renversa l'empire français. C'est en suivant les plans de
Pitt, en marchant sur ses traces dans des conjonctures plus
favorables, que des hommes bien inférieurs à lui obtinrent
ces grands résultats refusés par la fortune à ses talents et
à son courage. »

de faire prévaloir ses vues? Il est trop facile de
proclamer de généreuses maximes dans l'opposition, de faire de la politique platonique : réaliser
ces doctrines, les mettre en application. les conver-
tir en lois ou en faits. voilà l'œuvre de l'homme
d'État, et voilà ce qu'on a le droit de demander
à une intelligence politique de cette valeur. Plus
on admire ses principes, plus on doit déplorer
les défauts de caractère, les écarts de conduite qui
ont assuré pendant tant d'années le succès des
idées contraires.

C'est que justement Fox manquait de l'ensemble
des qualités par lesquelles Pitt conquit et garda le
pouvoir. On a été jusqu'à dire que « le premier
fut plus homme d'État que le second. car il fut
l'initiateur de toutes les grandes réformes accomplies depuis par son pays ». L'expression manque
de justesse. Pitt, avant tout préoccupé de maintenir la grandeur de l'Angleterre, de défendre le
pouvoir qui en était à ses yeux l'instrument essentiel, apparaît dans l'histoire comme le ministre
parlementaire par excellence, l'homme d'autorité,
le chef de gouvernement chez qui le patriotisme
se confond avec l'ambition. Si nous ne voulons
pas qu'on le grandisse outre mesure, qu'on en
fasse une sorte de héros fabuleux, un Titan de
la guerre, nous ne voulons pas non plus qu'on

l'accable sous la gloire, plus humaine sans doute,
mais aussi plus facilement conquise, de son rival.
Tous les mérites dominants de Pitt, pureté de
mœurs, dignité de vie, autorité morale, persévérance, science des hommes et art de les diriger,
tous ces mérites manquaient à Fox. Il fut l'émule
de Pitt en éloquence plutôt qu'en génie politique;
et Macaulay lui-même a dit : « Pitt devint, dans
l'art de gouverner sous le régime parlementaire,
le plus grand maître qui ait été jamais connu :
plus grand que Montague ou que Walpole, que
son père ou que Fox, plus grand que l'un ou
l'autre de ses successeurs, Canning et Peel. »

Le trait principal de son caractère est la ténacité. Fox a des défaillances, des découragements;
« il est de ces hommes pour qui les devoirs positifs ont besoin de l'attrait d'un grand but;
l'empire sur lui-même ne lui vient que lorsqu'un
peu de gloire recommande la vertu [1]. » Il n'a
point cet art que Pitt possède au suprême degré :
l'art de conduire son parti et de mener les assemblées. « Il suivait ses propres aspirations sans
s'assurer qu'elles fussent partagées autour de lui.
Il aspirait à être le premier plutôt que le maître...
Il était plus fait pour combattre que pour vain-

1. Rémusat.

cre. et le soin laborieux de gouverner les hommes allait peu à sa négligence. Il savait mieux se faire aimer qu'obéir. ¹ » De là, ses fautes multipliées, sa rupture avec lord Shelburne, son alliance avec lord North, ses attaques prématurées contre Pitt en 1784, enfin sa retraite intempestive du Parlement pendant la guerre avec la France.

Et puis enfin, il faut bien toujours en revenir au caractère. parce que c'est le fond des choses. Quel contraste. dès le début, entre la jeunesse déréglée et licencieuse du fils de lord Holland, poussé au plaisir par son père, et l'éducation vertueuse du fils de lord Chatham, de cet enfant austère qui altère sa santé par le travail. et dont les parents doivent modérer l'ardeur studieuse! Tels ils nous apparaissent dès l'enfance, tels ils seront toujours : l'un tout en passion, l'autre tout en volonté. Il eût fallu à Fox et plus de considération et plus d'esprit de suite pour devenir un grand homme de gouvernement et prendre en main les destinées de l'Angleterre. peut-être de l'Europe.

Il est impossible de ne pas l'aimer, et tous les partis en Angleterre s'inclinent aujourd'hui devant sa mémoire avec sympathie et avec respect;

1. *Idem.*

au-dessus des critiques et même des éloges un témoignage unanime s'élève : il était bon [1]. Un de ses adversaires les plus résolus, Gibbon, a dit de lui : « Jamais peut-être aucun homme ne fut plus parfaitement pur de toute tache de malveillance, de vanité ou de fausseté. »

Il eut la gloire d'être à la tribune le premier apôtre des idées de liberté, de tolérance, de civilisation, que la philosophie du dix-huitième siècle avait propagées par les écrits. Quelques années après sa mort, un de ses disciples, Grattan, s'écriait, dans cette Chambre des Communes qui retentissait encore des échos de son entraînante parole :

«Pour rendre justice à cet homme immortel, vous ne devez pas borner vos regards à l'Angleterre. L'action de son génie n'était point confinée à son propre pays ; elle s'étendait à 300 milles au delà, pour briser les chaînes de l'Irlande ; elle se montrait à 2,000 lieues plus loin, communiquant la liberté aux Américains ; elle était visible, je ne sais jusqu'à quelle distance, dans l'amélioration

---

1. Il y a dans sa vie des traits touchants : lorsque Burke vient de perdre son fils unique, qui annonçait les plus rares talents pour les lettres et pour la tribune, Fox, oubliant toutes les luttes passées, toutes les dures paroles, toutes les blessures échangées, s'approcha de son ancien ami pour le consoler ; mais Burke détourna la tête.

du sort des Indiens ; elle se faisait reconnaître sur
les côtes de l'Afrique, dans l'abolition de la traite
des esclaves. Vous pouvez mesurer l'étendue de
son esprit par les parallèles des latitudes qu'il a
parcourues. »

Et comment ne l'aimerions-nous pas, nous
Français, nous fils de 89, comment n'aimerions-nous pas ce généreux esprit qui a tout
sacrifié aux principes dont nous vivons ? Oui,
nous sommes les premiers à chérir sa mémoire :
mais n'abaissons pas devant elle la mémoire de
Pitt. N'oublions pas que Fox se mouvait dans
l'opposition en toute indépendance, qu'il pouvait y déployer à l'aise des idées plus larges :
qu'il n'avait ni les responsabilités ni les difficultés du gouvernement, et qu'il pouvait
faire librement de la politique de principes,
de la politique philosophique, de la politique humaine : il l'a faite avec courage,
avec noblesse, avec une admirable hauteur de
vues. Mais l'autre, l'autre qui avait à répondre,
non seulement de ses idées et de sa propre
gloire, mais de la grandeur de la patrie, de sa
Constitution, de ses lois, de sa liberté, de sa
puissance, l'autre qui tenait dans ses mains tout
l'héritage des aïeux et qui, en somme, l'a singulièrement agrandi, faut-il donc l'accuser d'avoir

tout subordonné au salut de la vieille Angleterre,
et en luttant pour elle, n'était-ce pas aussi
la cause de la liberté et de la civilisation qu'il
défendait sous une autre forme et par d'autres
moyens? Oui, il sentait que Napoléon haïssait
l'Angleterre parce que seule, au milieu de la sou-
mission universelle, elle osait contrarier ses
desseins et dédaigner ses menaces; oui, ce que
le despote détestait, ce qu'il voulait écraser en
elle, c'était surtout la liberté. « Il y avait un
coin de terre en Europe, un seul, où l'on pouvait critiquer ses actes et sa personne, où l'on
pouvait, chose mille fois plus insupportable que
les injures, lui dire la vérité, à lui, *l'homme
devant lequel l'univers s'était tu*[1]; il ne voyait
plus dans le monde que ce point unique d'où
l'on osait encore le braver, et ses yeux ne pouvaient s'en détacher: il eût voulu l'anéantir[2]. »

Ce fut là l'erreur de Fox: il s'obstina trop
longtemps à voir ou à paraître voir la Révolution en Bonaparte; il garda les illusions philan-
thropiques du siècle de Voltaire et de Montesquieu dans l'époque si différente, quoique si
rapprochée, de Napoléon.

C'est pourquoi M. Villemain, s'il a moins

1. Fontanes.
2. Lanfrey.

fouillé le détail que M. de Rémusat. s'est élevé
plus haut, à notre sens. dans la vérité historique.
Presque au sortir de la grande lutte entre la
France et l'Europe, il a eu l'honneur et le courage de réagir contre les injustices d'un patriotisme étroit. contre les rancunes de la défaite : il a
dégagé la figure de Pitt de tout le limon de la
calomnie et de la haine, et il n'a pas craint de
glorifier le chef d'une nation libre en face de
l'oppresseur du monde. Si. dans sa préoccupation de rétablir la vérité trop longtemps faussée.
il s'est laissé entraîner parfois à certaines exagé-
rations que nous avons signalées à leur date, il
n'en est pas moins vrai que, le premier parmi
les Français. il a rendu à la mémoire du ministre anglais l'hommage qu'elle mérite et que
la postérité ratifiera.

M. Guizot a été le second. — Une petite-fille
de lord Chatham. lady Griselda Tekell. à peine
âgée de quinze ans. ayant fait un jour à sa
grand'mère cette question enfantine : « Qui
croyez-vous le plus grand, mon grand-père ou
M. Pitt ? — Votre grand-père, sans nul doute,
répondit lady Chatham. » — « Je comprends, dit
M. Guizot. cette prépondérance de l'orgueil et
de l'amour conjugal sur l'orgueil et l'amour ma-
ternel ; je puis admettre la supériorité dramati-

que de lord Chatham ; mais je regarde la supériorité politique et morale de M. Pitt comme
incontestable ; c'est, à mon sens, le plus grand
ministre qui ait jamais gouverné l'Angleterre :
au milieu des tempêtes révolutionnaires, il l'a
maintenue dans l'ordre, et il l'a faite plus grande
en la laissant libre. »

M. Thiers s'est efforcé d'être impartial : il l'a été
souvent, il l'eût été tout à fait, si l'ensemble de
son système ne l'avait fait pencher inévitable-
ment du côté de Fox. Macaulay, disciple du
grand orateur, et également animé de toutes les
passions des whigs, a porté sur Pitt un jugement
analogue à celui de notre historien national.
M. de Rémusat a encore renchéri sur M. Thiers,
bien qu'il n'eût pas les mêmes motifs, et a abouti
aux conclusions systématiques que nous avons
combattues. Dans un autre sens, M. Lanfrey,
poussé, lui aussi, par son système, a rendu au
chef du gouvernement anglais la justice qui lui
est due et en a fait « la personnification de l'esprit politique » ; mais en revanche, il a peut-être
trop diminué le leader de l'opposition.

Enfin, dans ses nouvelles études, M. Villemain
fait voir toutes les raisons qu'il a et que nous
avons d'admirer et d'aimer l'ami de la France,
de la Révolution et de la paix ; mais il n'en de-

meure pas moins fidèle à ses anciennes maximes,
et les sentiments qu'il exprime pour Fox n'affai-
blissent en rien ceux qu'il conserve pour son
adversaire. Aussi se garde-t-il de conclure sur
les deux hommes à la fois et de sacrifier la gloire
de l'un à celle de l'autre. C'est qu'en effet tous
deux furent grands, avec de grandes fautes.
Étudions-les dans leur génie comme dans leurs
faiblesses : efforçons-nous de profiter de cette
étude, et, quels que soient nos sentiments intimes, nos préférences : — soit qu'on croie,
avec nous, que Pitt a été plus vraiment homme
d'État, soit qu'on dise, contre nous, que Fox
est un grand homme, tandis que Pitt ne fut
qu'un grand Anglais, — ne les séparons pas dans
notre sympathie : car tous deux nous ont laissé
de nobles exemples ; tous deux ont combattu à
la tribune, pour la patrie, par la loi. Les deux
grands rivaux sont réunis dans la mort sous les
voûtes de Westminster : que leurs noms restent
unis dans la reconnaissance de leur patrie et
dans l'admiration de la postérité !

GREY

Mars 1882.

Les considérations que nous avons présentées sur la politique de Fox et sur celle de Pitt nous paraissent confirmées par l'histoire de leurs successeurs; et la vie de lord Grey, par exemple, que M. Villemain a retracée ensuite, nous fournit plus d'un argument à l'appui de nos conclusions.

I

Le contraste entre Fox et Grey, qui ont combattu pour la même cause, était bien fait pour
séduire l'historien. Le plus brillant élève, l'héritier politique de Fox, a dû l'honneur de gouverner l'Angleterre et d'accomplir la grande réforme électorale de 1832 à des vertus que le fils
de lord Holland ne connut jamais et qui étaient
plutôt celles du fils de Chatham : la gravité du
caractère, la pureté de la vie, la rectitude et
l'autorité morale, la persévérance ; mais il lui
manqua toujours le don inné de sympathie, les
larges vues d'avenir, les inspirations généreuses
et humaines de son illustre maître. Le libéralisme
de Fox touchait déjà presque à la démocratie ;

celui de Grey, quoique très hardi et très nova-
teur, demeura toujours retenu dans les liens du
préjugé aristocratique. D'humeur fière, d'allures
hautaines, il n'avait pas la souplesse nécessaire
pour manier les hommes, soit dans l'opposition,
soit au pouvoir: sa parole respectée ne charmait
ni n'entraînait; et, en somme, malgré de bien
rares qualités, il parut toujours plus propre à
honorer son parti qu'à le diriger.

Entré à la Chambre en 1786, à vingt et un
ans [1], il embrassa avec ardeur la cause de la
Révolution française, et devint, à côté de Fox,
le plus éloquent champion de la paix. Surtout,
— et c'est là son plus grand titre de gloire pendant cette période, — il fut le principal défenseur
des franchises nationales.

« En rendant plus inviolable la partie vraiment vitale de la Constitution, il concourut pour
sa part à cette belle solution du problème de
la liberté légale contrepesant au loin la dictature et la conquête. Il eut son rôle, et, au point
de vue patriotique, le plus beau de tous, dans
cette mémorable lutte que l'Angleterre soutint

---

1. En partie grâce à l'influence de la duchesse de Devonshire, qui employait tout ce qu'elle avait d'esprit et de
beauté à recruter à sa cause les jeunes hommes les plus
distingués.

pendant un quart de siècle, et dont a profité l'indépendance de l'Europe, sinon la liberté des États européens. [1] »

Ce fut alors qu'il forma, avec lord Lauderdale et lord Erskine, le club des *Amis du peuple*, qui épouvanta d'abord le gouvernement par ses principes presque républicains, et ce fut en 93 qu'il présenta aux Communes la pétition fameuse de cette société, qui réclamait une extension du droit de suffrage et une moindre durée des sessions parlementaires. Pitt, à un tel moment, n'eut point de peine à faire repousser la motion. qui n'obtint que 41 voix contre 281.

Le 26 mai 1797. c'est-à-dire après que les offres du gouvernement avaient été rejetées par le Directoire, et après que l'opposition, au bout de deux ans d'impolitique abstention, était sortie de sa retraite, Grey présenta de nouveau son plan de réforme; et, remarquable exemple de ce que peut la volonté au service du droit, ce projet était, à peu de chose près. le même qu'il devait faire prévaloir enfin trente-six ans plus tard (abolition des bourgs pourris, augmentation du nombre des représentants des comtés, adjonction de plusieurs grandes villes au corps électoral,

---

1. *Tribune moderne.*

etc.). Les partisans de la motion alléguaient l'agitation du peuple : « Un plus long retard, disaient-
ils, aboutirait à la révolution et à la république »;
et ils s'armaient contre Pitt de ses anciennes
opinions, lui rappelant le temps où lui-même
déclarait que nulle bonne administration n'était
possible avec une Chambre ainsi constituée.
Mais le premier ministre retournait contre eux
leurs arguments, et alléguait que les circonstances
rendaient toute concession impraticable : « Les
hommes, s'écriait-il, dont le triomphe ou l'abat-
tement dépend de la victoire ou des revers du
jacobinisme en Europe, ces hommes ne peuvent,
sous le nom de *réforme*, chercher et vouloir
qu'une révolution... » Et la proposition était encore une fois repoussée par 258 voix contre 93.

En 1800, lorsque le ministère proposa la réunion de l'Irlande, Grey revint à la charge et ré-
clama, avant toute adoption du projet, la suppression de quarante bourgs pourris ; mais ses
paroles, malgré un grand retentissement, ne portèrent pas.

Il fit partie de la dernière et courte administration de Fox comme premier lord de l'Amirauté,
et, à la mort de son ami, lui succéda au département des affaires étrangères. Nous avons combattu l'opinion d'après laquelle Fox, s'il n'avait

pas été enlevé prématurément, aurait pu réaliser
alors le rêve de toute sa vie et conclure une
paix définitive : si les complications diplomatiques survenues de son vivant même n'avaient
pas suffi à la réfuter. l'impuissance de son successeur achèverait la démonstration.

« Quelque chose de plus fort que les théories,
dit fort justement M. Villemain, avertissait alors
les hommes d'État anglais du danger de céder
après tous les autres, autant que du péril de
rester seuls dans l'arène. Le Cabinet se retira trois
mois après la mort de Fox. moins affaibli encore
par cette perte que par la contradiction de l'ancien langage de ses membres et de leur rôle
actuel. »

C'est que la guerre, suivant les prédictions de
Pitt, devenait chaque jour plus nécessaire, plus
légitime : l'ambition croissante de Napoléon, ses
usurpations successives, notamment l'invasion de
l'Espagne, rendaient chimérique la politique de
paix et par conséquent la politique de réformes.

Grey, entré à la Chambre des lords, se tint à
l'écart d'un mouvement si contraire à ses idées
et à ses espérances, mais que nulle volonté humaine, il le sentait bien, ne pouvait plus arrêter.
A plusieurs reprises, en 1810, puis en 1812, on
essaya de le rappeler au ministère ; il aurait pu

alors avoir un bien grand rôle de gouvernement ;
mais « s'il ne prétendait pas, dans le passé, à
l'infaillibilité absolue pour toutes les objections
qu'il avait faites au principe et à la durée de la
guerre, il pensait que l'homme d'État se doit à
lui-même d'être conséquent à ses propres vues,
de ne point hériter frauduleusement du succès
des autres et de ne se point faire l'instrument de
la politique qu'il a combattue ».

Nous avons dit aussi que la politique de Pitt
n'était et ne pouvait être qu'une politique d'exception, née d'événements accidentels et extraordinaires. En effet, une fois l'Europe délivrée de
l'ambition napoléonienne et du fléau de la guerre,
les idées de Fox et de Grey (qui avaient été
aussi d'abord celles de Pitt, ne l'oublions pas !)
devaient naturellement reprendre leur libre cours
et leur légitime influence. Si lord Castlereagh se
tua sans l'avoir compris, son successeur Canning, élève de Pitt lui aussi, crut l'heure venue,
en montant au pouvoir, d'accomplir les grandes
réformes qu'il avait si longtemps combattues.
On sait qu'il sollicita le concours de Grey ; mais
celui-ci estima qu'il dérogerait à ses principes

libéraux et à sa dignité aristocratique en s'alliant
à ce tory de la veille, à ce transfuge, à ce parvenu populaire dont la mobilité ne pouvait s'ac-
corder avec sa constance. On l'en a sévèrement
blâmé, et peut-être n'a-t-on pas eu tort. Ce fut
Canning, ce fut cet ancien tory, qui, devenu
whig, détacha l'Angleterre de la Sainte-Alliance :
et, après lui, ce fut un ministère tory, le ministère Wellington, qui, devenu réformateur, accomplit l'émancipation catholique. Puis enfin, lorsqu'en 1830, il s'agit d'accomplir la réforme
électorale, lorsqu'il fallut choisir entre une grande
concession et une guerre civile, lord Grey parut
désigné, à trente-six ans de distance, pour
soutenir les efforts de ceux qui, succédant à
Wellington et à Peel, entreprenaient d'exécuter ce
que ces deux hommes d'État s'étaient sentis
impuissants à réaliser eux-mêmes ou à refuser
plus longtemps.

M. Villemain a retracé éloquemment cette
guerre parlementaire de trois années, où Grey
joua un si grand rôle, le plus difficile, puisqu'il
s'adressait aux lords, dont il devait ménager la
dignité, l'orgueil et les privilèges, tout en leur
demandant la plus grande concession de principes
et de pouvoir qu'ils eussent jamais faite. A leurs
yeux, l'urgence même de la mesure était une ob-

jection : « Céder contre son gré sur une question
de droit public, céder par crainte d'une immense
rébellion, c'était descendre d'un degré, c'était
abdiquer le titre de pouvoir modérateur et n'être
plus qu'une force politique qui se ménage et se
conserve. » On lira dans *la Tribune moderne* le
détail de la lutte et les extraits les plus remarquables des discours du ministre libéral.

Nous n'insisterons pas sur la réforme de 1832,
si nécessaire et si sage, qui, en appelant au scrutin toute la classe moyenne, sauva l'Angleterre
d'une révolution, et eut pour conséquences tant
d'autres changements considérables, également
heureux : l'abolition de l'esclavage colonial, la
suppression du monopole de la Compagnie des
Indes, la réforme de l'Église anglicane d'Irlande,
la réforme de la loi des pauvres, et la grande
mesure économique dont s'est si habilement
chargé Robert Peel. Ce sujet a été souvent traité
en France[1] ; et nous-même aurons occasion d'y
revenir [2].

1. Voir *les Institutions de l'Angleterre*, par Franqueville,
1864 ; *les Lois et les Mœurs électorales en France et en Angleterre*, par Antonin Lefèvre-Pontalis, 1864 ; *Une page de
l'histoire d'Angleterre*, par Edouard Hervé, 1869 ; *Histoire
du droit et des institutions politiques, civiles, judiciaires de
l'Angleterre, comparées aux institutions de la France*, par
Glasson, 1882.

2. Voir l'étude sur M. Gladstone.

Ce que nous voulons seulement retenir de ces faits, c'est la logique qui s'en dégage, c'est l'enchaînement des idées : nous y voyons comment la vie de Grey, faisant suite à celle de Fox, confirme nos conclusions, et combien il est injuste d'incarner la politique de Pitt, après sa mort, en Castlereagh et en ses pareils. On nous accordera bien que, si Pitt avait vécu, il n'eût pas été, de 1822 à 1830, moins libéral que Canning et que Wellington ; et il est même permis de croire qu'après 1830, il n'eût point combattu la réforme électorale dont il avait été au temps de sa jeunesse un des premiers champions. Pour lui, comme pour l'Angleterre, comme pour le monde, la grande crise avait suspendu, mais non supprimé, les idées de liberté et de progrès ; c'est ce qu'il ne faudrait pas confondre. Comme son pays, comme l'Europe, il a été jeté hors de sa véritable voie ; une fois la tempête finie, il y serait revenu par la force des choses et par la nature même de son esprit : il est mort trop tôt pour sa gloire.

Telle est la vanité de nos desseins : la complexion de l'homme est si fragile, son souffle si court, que, même avec la plus noble ambition et le plus grand courage, avec les yeux fixés sur un idéal et la puissance de le réaliser, non seulement il est presque toujours condamné à ne point l'atteindre, mais souvent il doit changer de direction, perdre le temps dans un détour, s'épuiser dans une œuvre qu'il sait inférieure, contraire à ses idées et à son génie; ou rester immobile, arrêté par je ne sais quel accident passager : ou bien, — chose plus douloureuse encore, — retourner en arrière, entraîné par un des remous du courant. Quelques heureux abordent, poussés par le flot; les autres sont emportés au loin, et périssent ignorés, ou méconnus.

Lord Grey, lui, a touché à son but, et sa vie, une et droite, a eu pour double couronne la réforme électorale et l'abolition de l'esclavage. Qui peut nier cependant qu'il a été inférieur, et comme orateur et comme politique, à Pitt et à Fox? Celui-ci eut la gloire de réclamer sans cesse les grandes réformes qu'il ne parvint jamais à réaliser. Et celui-là fut obligé, après les avoir soutenues, de les combattre ou de les laisser échouer. Il semble donc que le succès de ces trois hommes ait été en raison inverse de leur mérite. Mais, à présent que les passions contemporaines sont éteintes, nous pouvons peser la valeur propre de chacun en la dégageant des éléments extérieurs; sous le rôle, nous pouvons saisir l'homme tout vif.

L'histoire est restée trop longtemps le récit, et souvent le récit partial, des faits, comme la critique est restée trop longtemps l'étude, et souvent l'étude oratoire, des seuls écrits. On est entré enfin dans une voie nouvelle ; mais, tandis que la critique, qui s'adresse à quelques-uns, a déjà accompli son entière évolution, grâce à de grands et forts esprits, tels que les Sainte-Beuve, les Renan, les Taine, l'enseignement de l'histoire, qui s'adresse à tous, n'est pas encore suffisamment modifié dans la pratique : la distinction n'est point faite assez clairement entre les événements, d'une part, et, de l'autre, les intentions, la nature des hommes ; on ne pénètre pas assez toute cette partie intime de l'histoire, qui n'est pas moins intéressante que l'autre, puisqu'elle en est, si je puis dire, l'envers, le dessous, et qu'il est impossible de bien comprendre la seconde sans avoir approfondi la première. Là seulement, dans cette double étude, est la véritable science historique.

M. Villemain nous a donné des exemples de cette nouvelle méthode en ses belles études sur M. de Serre et M. Royer-Collard, qui font suite, dans *la Tribune moderne*, aux vies de Fox et de Grey. Nous en parlerons plus tard ; mais nous avons été attiré d'abord par le sujet sur leque les meilleurs esprits s'accordent moins, et qui excite aujourd'hui encore la controverse, de l'un et de l'autre côté du détroit.

TALLEYRAND

AU CONGRÈS DE VIENNE[1]

Avril 1881.

On attend avec impatience la publication des Mémoires de Talleyrand. Dès aujourd'hui, M. G. Pallain nous livre un grand nombre de lettres inédites de l'illustre diplomate, et des plus intéressantes, toutes celles qu'il a écrites à Louis XVIII pendant le Congrès de Vienne ; avec les réponses du roi. Publié simultanément en différentes langues, ce précieux recueil, l'un des chefs-d'œuvre de notre littérature diplomatique, aura en Europe un grand retentissement.

Les Mémoires des hommes d'État sont plus ou moins arrangés pour la perspective de l'histoire,

1. *Correspondance inédite du prince de Talleyrand et du roi Louis XVIII pendant le Congrès de Vienne*, publiée avec préface, éclaircissements et notes par M. Georges Pallain, 1 vol. in-8°, 1881, chez Plon.

les lettres sont plus naturelles, plus sincères. Non
qu'elles renferment toujours la vérité absolue,
surtout quand c'est un Talleyrand qui tient la
plume ; nature compliquée, « personnage à triple
et quadruple fond », comme l'appelait Sainte-
Beuve : car si, dans ses Mémoires, « ce grand
politique, qui a fait tant de diplomatie avec ses
contemporains, n'a pas dû échapper à la tenta-
tion d'en faire quelque peu avec la postérité[1] »,
il est permis de penser aussi que, dans ses lettres,
il a pu en faire parfois avec son nouveau maître.
Cependant ses récits pleins de vie, improvisés
et expédiés au jour le jour, sous le coup des
événements, doivent se rapprocher beaucoup de
la réalité, et, s'il y a eu arrangement, ce ne
peut être que dans les détails.

M. Thiers, qui avait consulté cette correspondance pour son *Histoire du Consulat et de l'Empire*[2], dit que M. de Talleyrand en fournissait les
matériaux à M. de la Besnardière, qui les rédi-
geait, et qu'ensuite il la recopiait de sa main[3].

1. G. Pallain, *Préface*.
2. M. Villemain en avait eu également communication
pour ses *Souvenirs sur les Cent-Jours*; M. Mignet, pour sa
Notice sur Talleyrand, et M. O. d'Haussonville, pour son
article sur le Congrès de Vienne (*Revue des Deux Mondes*,
15 mai 1862).
3. *Histoire du Consulat et de l'Empire*, t. XVIII, p. 437.

Il est possible que le ministre, suivant son habitude, ait. en effet, donné d'abord les matériaux
ou le croquis de quelques-unes de ces lettres à
l'homme distingué qui accompagnait à Vienne
la légation française; mais il nous semble bien
que la plupart ont dû être écrites d'emblée par
M. de Talleyrand lui-même. Sous la tournure
officielle, elles ont un air de famille avec les
lettres d'avant la Révolution. d'avant l'épiscopat
avec ses *Mémoires* lus à l'Institut en l'an v après
son retour d'Amérique. et son *Éloge de Reinhard*.
quarante ans après, à l'Académie des Sciences
morales [1]. Tout cela est de la même veine :
quoiqu'à tant d'années de distance. on retrouve,
sous cette manière élégante et aisée. sa subtilité
dialectique si pénétrante [2], son bon sens, et cet
esprit si français, cette grâce qu'il mettait à toute
chose. Il y a là un tour trop original pour n'être
pas personnel : les scènes curieuses, animées, où
il se trouve aux prises avec ses adversaires. et
notamment avec le czar, avec M. de Metternich,

1. Voir dans les *Nouveaux Lundis*, t. XII, les articles
de Sainte-Beuve sur Talleyrand, si charmants, si vifs et si
sévères. Il est intéressant de les rapprocher de l'*Éloge* de
M. Mignet, qui, naturellement, cache toutes les laideurs
morales que Sainte-Beuve met à nu.

2. Talleyrand disait qu'il avait appris la diplomatie par
la théologie (comme Richelieu). (V. Sainte-Beuve, Mignet et
les Mémoires de M. de Gagern).

avec lord Castlereagh, ont été évidemment jetées sur le papier ou dictées par l'auteur lui-même, encore tout chaud de ces débats passionnés[1].

Nous assistons avec lui aux diverses péripéties du Congrès, et aux plus intimes ; nous voyons à l'œuvre, heure par heure, chacun des plénipotentiaires ; nous pénétrons leurs desseins ; nous suivons les évolutions, les progrès de notre représentant, qui sait profiter de tout pour arriver à ses fins ; et, quelque jugement qu'on porte sur sa politique, on ne peut méconnaître que la publication de ces lettres lui fait grand honneur. Quoiqu'il ait toujours songé à faire ses propres affaires en même temps que celles de la France, il semble que, par la finesse et l'étendue de son esprit, il retrouve, en quelque sorte, le sens moral et le patriotisme : l'élévation des idées paraît lui tenir lieu de caractère. On ne comprend pas comment M. de Vaulabelle a pu parler de « commérages », d' « anecdotes graveleuses », à propos de cette correspondance, qu'il traite de « scandaleuse chronique de salon et d'alcôve ». Nous n'y avons trouvé nulle trace de « détails cyniques ».

1. Les personnes de la famille et de l'intimité de Talleyrand affirment l'avoir toujours vu faire lui-même sa correspondance avec Louis XVIII. (D'Haussonville, *le Congrès de Vienne*.)

M. Thiers lui-même ne nous paraît pas avoir
donné une idée très exacte de cette correspondance lorsque, la comparant à celle qui était
échangée entre M. le duc de Dalberg (nous
avons des raisons de croire, d'après des rensei-
gnements fournis par des parents de M. de Talleyrand, que ce serait plutôt M. de la Besnardière)
et M. de Jaucourt, qui dirigeait le ministère en
l'absence de M. de Talleyrand, il trouve celle-ci
« moins piquante, mais plus sérieuse » que
l'autre, où « la partie anecdotique et personnelle
du Congrès est rapportée avec tous les détails qui
pouvaient intéresser un roi spirituel, malicieux,
aimant le scandale, et n'ayant presque aucun
préjugé... » — La correspondance de Talleyrand
est sérieuse d'un bout à l'autre; elle ne contient
d'autres détails que ceux qui ont trait aux affaires
publiques, et, si elle était bien faite pour charmer
l'esprit et le goût du roi, elle ne l'était point pour
flatter ses vices[1]. C'est une très intéressante
leçon de diplomatie, sous la forme la plus sédui-
sante et la plus littéraire.

1. M. Pallain s'est servi de la première pour éclairer la
seconde : ses notes sont puisées soit dans la correspondance
officielle du Cabinet, soit dans d'autres documents inédits :
elles forment par elles-mêmes un texte complémentaire qui
est souvent aussi attachant que l'autre et qui constitue
pour les historiens une source nouvelle.

I

Napoléon vaincu est à l'île d'Elbe. Les alliés,
à Paris, ont d'abord réglé les affaires de la
France en signant avec Louis XVIII le traité du
30 mai 1814, qui la réduit à ses frontières de
1790 : le règlement des affaires de l'Europe a
été réservé au Congrès, qui se réunit à Vienne
au mois de septembre suivant. Là, après la
tourmente de la Révolution et de l'Empire, dans
cette assemblée unique des souverains, des premiers hommes d'État, des premiers capitaines, à
travers les débats les plus orageux, les menaces
de guerre, les ambitions rivales des gouvernements et les revendications ardentes des peuples
longtemps opprimés et ruinés, au bruit des fêtes

d'une société heureuse de se sentir renaître et avide de plaisirs, l'Europe moderne se constitue, et les destinées du monde sont fixées pour un demi-siècle.

D'accord contre nous, les alliés, *les quatre* [1], ne pourront pas le rester longtemps entre eux. Unis à Paris pour dépouiller la France, ils vont, par la force des choses, se diviser à Vienne pour partager le butin. La Russie et la Prusse, plus fortement unies que jamais depuis Leipzig, veulent, l'une toute la Pologne, l'autre toute la Saxe. L'empereur Alexandre, mêlant ses aspirations humanitaires à ses calculs ambitieux, rêve de réparer la grande iniquité commise par Catherine, Frédéric et Marie-Thérèse, et, en joignant à ses États le grand-duché de Varsovie, de constituer, du Niémen aux Krapacks, un beau royaume, qu'il dotera d'institutions libérales à la manière anglaise et qu'il gouvernera lui-même [2]. D'autre part, comme la Prusse doit, en vertu des traités de Kalisch, de Reichenbach et de Tœplitz (1813), recouvrer précisément la plus grande partie de ce

1. Angleterre, Autriche, Russie, Prusse.

2. « Un des ministres de Russie nous disait hier : « On a voulu faire de nous une puissance asiatique, la Pologne nous fera Européens. » (*Corr.* de Talleyrand, lettre I).

duché, on lui donnera en compensation la
Saxe, objet de tous ses vœux : cette annexion
corrigera sa difformité géographique, accroîtra
sa cohésion, sa force et sa richesse, lui assurera
en Allemagne une place prépondérante[1]. L'Angleterre, étendant sa domination sur de nouvelles colonies, notamment sur la route des
Indes, et hantée par le souvenir du blocus
continental, tourne tous ses efforts contre la
France, qu'elle cherche à contenir, au nord par
l'établissement du royaume des Pays-Bas et la
reconstitution du Hanovre, à l'est en favorisant
l'ambition de la Prusse[2], qu'elle tâche d'allier
aussi avec l'Autriche : car, si elle est favorable
à l'occupation de la Saxe par les Prussiens,
elle ne l'est point à celle de la Pologne par
les Russes[3], et elle essaye d'unir à elle les
deux puissances germaniques, d'une part contre

1. Le 25 octobre 1814, Talleyrand rend compte à Louis XVIII
d'une première entrevue qu'il a eue avec le czar : « Le roi
de Prusse, me dit-il, sera roi de Prusse et de Saxe, comme
je serai empereur de Russie et de Pologne. » (Corr., lettre XI.
Cf. lettre XXVII).

2. « Il n'y a pas de résultat dans la politique européenne,
écrivait lord Castlereagh, auquel j'attache plus d'importance
qu'à la reconstitution plus substantielle de la Prusse..... »
Et il approuve l'annexion de la totalité de la Saxe.

3. On connaît la correspondance assez aigre échangée à
ce sujet entre lord Castlereagh et Alexandre.

la puissance française, de l'autre contre l'envahissement slave. Enfin l'Autriche. maîtresse de
l'Italie septentrionale, ne doit pas voir d'un
bon œil les Prussiens venir à Dresde et les
Russes jusqu'au pied des monts de Bohême :
et, en effet, ni l'empereur François-Joseph ni ses
généraux ne s'en soucient : mais M. de Metternich. dans la crainte de devoir se tourner vers la
France. commence par abandonner la Saxe. quoi
qu'il en ait dit [1]. et quoi qu'en ait dit. d'après
lui, M. Thiers. La correspondance de Talleyrand
ne laisse aucun doute sur ce point. [2]

Telle est la situation de l'Europe, telles sont
les vues respectives des quatre grandes puissances
au début du Congrès. L'Europe va donc inévi-
tablement se diviser en deux. et la France, en
se mettant d'un côté ou de l'autre. fera pencher
la balance ici ou là. La question est de savoir
dans quel sens on introduira le coin qui brisera
la coalition : en s'alliant avec la Russie et la

1. Dans ses *Notes et Correspondances*.

2. *Corr.*. Lettres IX et XCIX, *Mémoire sur la conduite de
l'ambassade de France au Congrès de Vienne*, d'où il résulte
que M. de Metternich avait abandonné la Saxe par une note
du 22 octobre. D'autre part, on lit à la date du 15 octobre,
dans le journal de M. de Gentz, secrétaire du Congrès et
confident de M. de Metternich : « Le prince veut céder et
il cédera. La Saxe est perdue. »

Prusse. — ou avec l'Angleterre et l'Autriche?

L'alliance avec la Grande-Bretagne fut la pensée maîtresse de Talleyrand ; elle domina toute sa vie : il en avait soutenu la nécessité à la Constituante, il avait tenté de la faire à Londres dans sa première mission diplomatique sous la Législative, il l'avait inutilement conseillée à Napoléon victorieux, il la réalisa au Congrès de Vienne, et termina sa longue et brillante carrière par où il l'avait commencée, poursuivant en 1830, comme ambassadeur de Louis-Philippe à Londres, le même but qu'en 1792, et l'atteignant enfin. C'était, à ses yeux, le seul moyen de rompre la coalition qui voulait broyer la Révolution française entre les armées du continent et les flottes britanniques. Cette idée, d'ailleurs, lui venait du dix-huitième siècle, dont il demeura toujours le fils et le représentant, même dans le dix-neuvième : Voltaire par ses *Lettres anglaises*, Montesquieu par ses pages éloquentes sur la grandeur commerciale et politique de nos voisins, n'avaient pas peu contribué à la fortifier chez quelques esprits encore peu nombreux, mais éminents : Mirabeau, dans deux lettres qu'il adressait de Berlin, en 1786, à son ami « l'abbé de Périgord », regarde l'alliance avec l'Angleterre comme « le salut du monde ».

Quant à l'alliance avec l'Autriche, Talleyrand l'avait déjà conseillée à Napoléon après
Ulm, puis après Austerlitz : « L'Autriche, disait-il dans son remarquable Mémoire du 25 ven-
démiaire an xiv, est encore le principal boulevard que l'Europe ait à opposer aux Russes, et
c'est contre eux qu'il faut la fortifier. »

M. Thiers, dans un des plus beaux livres du
Consulat et de l'Empire (LVI), s'est prononcé
contre l'alliance austro-anglaise pour l'alliance
prusso-russe, et a vivement blâmé M. de Talleyrand d'avoir choisi la première. M. Pallain
suppose que M. Thiers a pu subir sur cette
question l'influence de M. Pozzo di Borgo, le
rival d'esprit de M. de Talleyrand, et qui fut le
partisan constant de l'alliance russe, tentée à
Tilsitt avant de l'être au Congrès de Vienne.

Ce qui est certain, c'est que l'opinion soutenue
par M. Thiers avait été émise déjà par l'abbé de
Pradt[1], et développée par l'auteur anonyme de
ces *Mémoires d'un homme d'État*, dont se sont
inspirés presque tous les historiens français de la
Révolution et de l'Empire. « Où l'égarement du
système français a été le plus funeste, dit l'abbé
de Pradt, c'est dans l'opposition qu'il n'a pas

1. *Congrès de Vienne.*

cessé d'établir contre la Prusse. Il y a deux principes invariables dans le système de la France à
l'égard de la Prusse : alliance et éloignement;
l'un est le moyen de l'autre. Or, dans tout le
Congrès, la France n'a travaillé qu'à s'aliéner la
Prusse et qu'à la forcer de se rapprocher de sa
propre frontière : ce qui était du même coup
détruire l'alliance et créer l'inimitié. »

M. Mignet, dans son *Éloge de Talleyrand*, et
M. de Viel-Castel, dans son *Histoire de la Restauration*, se sont prononcés dans le sens de l'abbé
de Pradt, de *l'homme d'État* anonyme et de
M. Thiers; au contraire, M. d'Haussonville, dans
ses études sur *le Congrès de Vienne*, et sir Henry
Lytton Bulwer, dans son *Essai sur Talleyrand*,
se sont prononcés dans le sens de Talleyrand.
La publication de M. Pallain renouvelle la controverse, en y apportant des éléments inédits.

II

Le point de vue tout différent auquel se sont placés M. de Talleyrand, puis M. Thiers, explique l'opposition de leurs systèmes.

Celui-ci, passionné pour la grandeur de la patrie et préoccupé avant tout de l'extension possible de nos frontières, soutient que ce fut une grande faute de régler séparément à Paris les affaires de la France au lieu d'attendre les divisions qui allaient infailliblement éclater à Vienne parmi nos adversaires, afin d'en tirer parti pour obtenir mieux qu'on ne nous offrait[1].

1. C'était l'avis du général Dessoles, qui avait dit dans le Conseil royal : « Pourquoi conclure aujourd'hui? On ne sera pas d'accord sur la part que chacun voudra se faire, on aura besoin de nous;.. il y a donc quelque chance pour qu'on nous traite mieux... »

Au contraire, suivant M. de Talleyrand, qui, lui, ne jugeait pas les choses théoriquement, après coup, de son cabinet, mais qui était mêlé directement aux événements et aux hommes, qui avait à lutter contre toutes les difficultés présentes et à tenir compte des désirs et des longues fatigues du pays, la France devait tout d'abord fixer sa propre situation, et, par là, dissiper les défiances, les jalousies des puissances, les assurer de son désintéressement et de sa bonne foi, afin de se faire écouter dans leurs conseils et d'y reprendre le rang qu'elle avait perdu. Il était convaincu que la paix, cette paix tant souhaitée par la nation et par le roi, était irréalisable sans le sacrifice de la Belgique et de la rive gauche du Rhin : car la France, même vaincue, inspirait encore aux puissances de telles craintes, qu'elles ne pouvaient se départir de leur hostilité invétérée[1]. Ainsi, nos affaires se trouvant réglées par le traité de

---

1. Voir, dans le *Congrès de Vienne*, par le comte d'Angeberg, les instructions arrêtées en commun, avant le Congrès, par Louis XVIII et Talleyrand. — Cf. les *Memorandums* de M. de Gagern, de M. de Humboldt, de M. Capo d'Istria, des princes de Hardenberg et de Metternich, en août 1815. M. de Gagern tend à démontrer dans son *Mémoire* que, même après avoir cédé l'Alsace, la France serait encore « l'État prépondérant sous tous les rapports ».

Paris, notre représentant pouvait arriver à Vienne dégagé de tout lien, avec l'intention déclarée de faire prévaloir, non des intérêts, mais des principes, de défendre les faibles, de contenir les ambitions dangereuses, enfin de travailler à rétablir en Europe un équilibre réel et durable et à accomplir ce qu'il a appelé une « restauration générale »[1]. Ce rôle, auquel nos adversaires eux-mêmes ont rendu un éclatant hommage[2], ne manquait ni d'habileté ni de grandeur, et Talleyrand était de taille à le remplir avec une hauteur digne de la France.

Du reste, la modération en matière de politique extérieure, l'opposition à l'esprit de conquête furent toujours dans ses idées : car il est remarquable que, s'il a souvent changé de maître, il n'a guère changé d'opinion. Déjà en 1792, il désapprouvait toute velléité d'annexion et soutenait que la France ne pouvait sans péril s'agrandir aux dépens de ses voisins : « Pour les

1. Voir le *Rapport au roi pendant son voyage de Gand à Paris; — Lettres* de Talleyrand au marquis de Bonnay, 18 novembre 1814, — au Département, 27 septembre 1814; — *Corr.* Lettres II, IV, etc.

2. « Le rôle des ministres de la France au Congrès a été le plus simple et le plus beau de tous... » (Metternich, *Mémoires.*)

États comme pour les individus, la richesse réelle
consiste non à acquérir ou envahir les domaines
d'autrui, mais bien à faire valoir les siens [1]. »
Plus tard, sous le Directoire et sous l'Empire,
il n'avait servi qu'à regret, et en essayant de la
contenir. une politique de violence contraire à
ces maximes. Il en était plus que jamais pénétré après les désastres qu'il s'était vainement
efforcé de prévenir et qui en démontraient la
justesse : et il n'hésita point à signer un acte
qui. à ses yeux, « n'ôtait rien à la France
d'essentiel à sa sûreté » [2], qui seul pouvait lui
assurer une paix durable, et la rendait libre de
parler avec autorité et d'agir utilement dans les
conseils de l'Europe.

Partant, comme on vient de le voir. d'un
principe tout opposé, l'historien du *Consulat et
de l'Empire* développe avec une grande richesse
d'arguments et une grande abondance de faits
et d'idées sa thèse de l'alliance prusso-russe.
L'ardent patriote, souffrant impatiemment de
voir la France refoulée dans ses anciennes limites tandis que ses rivales s'étaient accrues. s'é-

1. *Mémoire* du 25 novembre 1792.
2. *Rapport au roi pendant son voyage de Gand à Paris,*
juin 1815.

tonne que M. de Talleyrand ait recherché l'alliance de l'Angleterre qui ne serait jamais qu'une alliée malgré elle [1], au lieu de prendre la main que lui tendait le czar, le czar qui avait ramené les Bourbons, qui avait besoin d'eux, qui voulait donner sa sœur, la grande-duchesse Anne, au duc de Berry [2].

Suivant M. Thiers, nous devions nous liguer avec la Russie [3] et la Prusse, dont les intérêts

1. Voir dépêche de lord Castlereagh au duc de Wellington, ambassadeur à Paris, 14 août 1814.

2. Louis XVIII ne pardonnait pas au czar les façons de protecteur qu'il avait prises à Paris dans les premiers jours de la Restauration, et il eût considéré comme une mésalliance cette union entre la dynastie des Bourbons et celle des Romanow. Talleyrand n'aimait pas non plus Alexandre; il le traite dans ses lettres avec une dureté surprenante. Alexandre, de son côté, détestait Talleyrand : on nous a même assuré que ce fut sur sa demande que Talleyrand ne fut pas envoyé au Congrès de Vérone : on y envoya Chateaubriand.

3. Cf. Viel-Castel, *Histoire de la Restauration*, t. II, p. 147, etc. : « La Russie, à raison de sa situation topographique, n'ayant habituellement rien à redouter de la France, est son alliée naturelle. Par un motif semblable, le gouvernement français a, moins qu'un autre, à s'inquiéter des progrès de la puissance russe et peut voir, dans cette puissance, un appui éventuel contre la jalousie permanente des cours de Londres et de Vienne. En un mot, l'alliance de la France et de la Russie, dans l'état normal, résulte, comme celle de l'Angleterre et de l'Autriche, de la nature des choses qui n'a établi entre elles aucun point de collision et de rivalité et qui leur a donné les mêmes adversaires. »

étaient à Posen et à Dresde, contre l'Angleterre
et l'Autriche, dont les intérêts étaient sur l'Escaut, le Rhin et les Alpes ; et, en supposant qu'il
fallût se défier également de ces ambitions rivales, il était expédient d'attendre avant de nous
prononcer. L'avidité d'Alexandre et de Frédéric-
Guillaume était telle, que, pour gagner notre
appui, ils nous auraient concédé à l'est ce que
nous aurions voulu : plus notre réponse se serait
fait attendre, plus ils auraient accru leurs offres.
En cas de guerre, ils nous auraient rendu une
partie au moins de la rive gauche du Rhin ; en
cas de paix, nous aurions eu sur ses rives la
Saxe, voisine pacifique, et non la Prusse. D'autre
part, la Russie, en s'avançant jusqu'à la Wartha,
eût gêné la Prusse, qui elle-même, en prenant la
Saxe, eût inquiété l'Autriche. A la vérité, la maison de Saxe étant transportée des bords de l'Elbe
à la gauche du Rhin, l'équilibre germanique eût
été ébranlé ; mais, cet équilibre ayant pour objet
d'interposer de petits États entre les grands, ne
valait-il pas mieux que ce qui restait des États
germaniques fût interposé entre nous et la
Prusse qu'entre la Prusse et l'Autriche ? Au lieu
de cela, l'Angleterre, appliquant une idée de
Pitt, poussa la Prusse à occuper les provinces
rhénanes, et la Bavière le Palatinat du Rhin.

afin de nous les rendre hostiles à jamais [1].
Telle est. en substance, la thèse de M. Thiers.
La correspondance de M. de Talleyrand y répond.
et. croyons-nous. victorieusement.

1. L'Autriche refusa les provinces belges, placées trop près de la France; elle préférait les provinces italiennes.

III

Tout d'abord. l'alliance avec la Prusse supposait l'abandon de la Saxe : or, livrer la Saxe à
la Prusse, c'eût été assurer la prédominance de
la Prusse dans le centre de l'Europe, détruire à
son profit l'équilibre germanique et l'indépendance de la Confédération. Les pays qu'elle devait
s'assimiler le plus rapidement étaient naturellement les pays protestants, et la Saxe était justement de ceux-là. et l'un des plus riches : la
lui donner, c'était réaliser d'un coup l'œuvre
d'unification qu'elle a mis près de soixante
ans à accomplir. Telle est la pensée maîtresse
qui a inspiré la conduite de Talleyrand; on la
retrouve à chaque page, soit dans les instructions

qu'il avait reçues et probablement rédigées avant
de se rendre à Vienne, soit dans sa correspondance avec le roi et avec le Cabinet.

« En Italie, c'est l'Autriche qu'il faut empêcher
de dominer ; en Allemagne, c'est la Prusse. La
constitution de sa monarchie lui fait de l'ambition une sorte de nécessité. Tout prétexte lui est
bon. Nul scrupule ne l'arrête. Dans un cours de
soixante-trois années, elle a porté sa population
de moins de quatre millions de sujets à dix millions... Qu'on la laissât faire, bientôt elle en
aurait vingt, et l'Allemagne entière lui serait
soumise. Il est donc nécessaire de mettre un frein
à son ambition, en restreignant d'abord, autant
qu'il est possible, son état de possession en Allemagne, et ensuite en restreignant son influence
par l'organisation fédérale. »

M. Thiers, dans les admirables pages qu'il a
consacrées à la défense de son système, a été
quelquefois entraîné, par l'ardeur de la discussion, à être injuste pour Talleyrand, par exemple
lorsqu'il semble attribuer à l'amour-propre l'attitude du ministre à l'égard de la Saxe, et lorsqu'il le représente tellement irrité par la prétention des *quatre* de tout faire entre eux, si flatté,
au contraire, de l'empressement que lui témoignèrent les petites Cours allemandes, qu'il n'y

tint pas, se mit à la tête de ces petites Cours, devint ainsi le défenseur obligé de la Saxe, prit dès lors parti pour l'Autriche et l'Angleterre, qui étaient irrévocablement résolues à nous enfermer dans le traité de Paris. contre la Prusse et la Russie, qui étaient prêtes à améliorer notre sort, et déclara bien haut que la France ne voulait rien pour elle-même. « rien que le triomphe des principes, c'est-à-dire de la légitimité »; ou bien lorsque, ayant raconté, d'après une bien curieuse lettre de Talleyrand, la première entrevue entre celui-ci et le czar, il ajoute malicieusement : « Si les vrais intérêts de la France étaient alors sur l'Elbe et la Vistule, non sur le Rhin et les Alpes, on ne l'avait jamais mieux servie. »

Il est vrai que Talleyrand avait sur la Pologne des idées très arrêtées. qu'il aurait bien voulu faire prévaloir: «Une de ses idées favorites. dit madame de Rémusat dans ses *Mémoires* [1], c'est que la politique française devait tendre à tirer la Pologne d'un joug étranger et à en faire une barrière à la Russie, comme un contrepoids à l'Autriche. Je l'ai souvent entendu dire que toute la question du repos de l'Europe était en Pologne. Il s'effrayait de l'importance que la

1. Tome III, p. 53, 90.

Russie pouvait prendre en Europe : il opinait
sans cesse pour qu'on fondât une puissance indépendante entre nous et les Russes, et il favori-
sait pour cela les désirs animés, quoique vagues,
des Polonais. C'est le royaume de Pologne, disait-il toujours, qu'il faut créer : voilà le boulevard de notre indépendance, mais il ne faut pas
le faire à demi. » Il pensait que le partage de la
Pologne avait été en partie la cause et peut-être,
jusqu'à un certain point, l'excuse des bouleversements auxquels l'Europe avait été en proie ; et
il est remarquable qu'il parvint à faire réprouver
le principe de ce partage par les puissances
mêmes qui l'avaient consommé.

Il répétait à lord Castlereagh comme à M. de
Metternich que, s'il s'était agi de rétablir toute
la Pologne dans une entière indépendance, il
aurait placé cette question en première ligne[1] ;
mais la rétablir pour la donner tout entière à la
Russie, pour porter la population de cet empire
en Europe à quarante-quatre millions de sujets
et ses frontières jusqu'à l'Oder, « serait créer
pour l'Europe un danger si grave et si imminent,

1. En 1830, M. de Talleyrand écrivait de Londres :
« Napoléon aurait pu rétablir le royaume de Pologne et
lui rendre son indépendance, si importante pour l'équilibre
européen ; il ne le voulut pas... »

qu'il faudrait arrêter, au besoin, par les armes,
l'exécution d'un tel plan ».

Il est donc bien vrai que, dans son opinion,
la France, comme toute l'Europe, devait avoir les
yeux tournés vers l'Elbe et la Vistule. Mais faisons attention que la question de Pologne était
intimement liée à celle de Saxe, puisque abandonner l'une, c'eût été en même temps abandonner l'autre; et, en résistant au czar, c'était bien
encore la Saxe qu'il défendait; c'était la prépondérance prussienne, l'unité germanique qu'il
voulait empêcher à tout prix.

Il montre au roi, avec un sens politique admirable, le mouvement qui entraîne l'Allemagne
entière, ce qu'il appelle « le jacobinisme de la
noblesse », les ressentiments de « ceux que
la dissolution de l'empire germanique et l'acte
de Confédération du Rhin ont fait descendre
du rang de dynastes à la condition de sujets, et qui, supportant impatiemment d'avoir
pour maîtres ceux dont ils étaient ou croyaient
être les égaux, aspirent à remplacer tous les
gouvernements de ce pays par un seul. Avec
eux conspirent les hommes des Universités, et la
jeunesse imbue de leurs théories, et ceux qui
attribuent à la division de l'Allemagne en petits
États les calamités versées sur elle par tant de

guerres dont elle est le continuel théâtre. L'unité
de la patrie allemande est leur cri, leur dogme,
leur religion, exaltée jusqu'au fanatisme: et ce
fanatisme a gagné même des princes actuelle-
ment régnants. Or, cette unité, dont la France
pouvait n'avoir rien à craindre quand elle possédait la rive gauche du Rhin et la Belgique,
serait maintenant pour elle d'une très grande
conséquence. Qui peut d'ailleurs prévoir les suites
de l'ébranlement d'une masse telle que l'Allemagne, lorsque ses éléments divisés viendraient
à s'agiter et à se confondre? Qui sait où s'arrê-
terait l'impulsion une fois donnée [1]? »

1. « La disposition qui donnerait la Saxe à la Prusse serait regardée en Autriche comme une calamité, comme
destinant infailliblement l'Allemagne à être partagée tôt ou
tard comme l'a été la Pologne. Le roi de Bavière disait
encore hier: «Ce projet... m'ôte tout repos. » Corr., Lettres
VIII, IX. — Cf. Lettres des plénipotentiaires français au
Département, 16 octobre 1814 : Lettre du duc de Saxe-Co-
bourg-Saalfeld à lord Castlereagh (Corr., p. 67) ; et Corr.,
Lettre IX. — Cf. aussi les curieuses lettres de Mirabeau au
major Mauvillon, où, en 1786, il prévoyait et redoutait l'u-
nification de l'Allemagne par la Prusse.

IV

M. Thiers a encore allégué qu'avec l'alliance prusso-russe, nous aurions eu sur le Rhin la maison de Saxe, et non la Prusse. (La note du comte de Nesselrode, du 31 décembre 1814, proposait de donner au roi de Saxe, comme compensation, un Etat séparé, de 700,000 âmes, sur la rive gauche du Rhin[1].) — Cela est vrai; mais, — outre que le roi de Saxe, sur le Rhin, n'en aurait pas moins eu, un jour, le sort du roi de Bavière, — les provinces rhénanes qui furent annexées à la Prusse étaient catholiques, séparées d'elle par le Hanovre, la Hesse, le duché de

1. Le czar envoya à Paris le général Pozzo pour travailler au succès de cette combinaison.

Brunswick. celui de Nassau, etc.. habituées à une administration française, plus éloignées d'elle encore par leurs croyances religieuses, les mœurs et la législation. Pour rallier ces éléments disparates, elle a dû. elle. puissance protestante. se faire la protectrice des intérêts catholiques en Allemagne. « C'est la Prusse. constituée en gouvernement absolu. qui dut se plier aux idées libérales de ces provinces ; c'est elle. protectionniste, qui dut se mettre à la tête du mouvement de liberté commerciale et créer. à force de persistance et de sacrifices. la grande union douanière de l'Europe centrale (Zollverein), afin de pouvoir rejoindre ses propres provinces. [1] »

Pradt disait : « C'est un État indéfinissable : elle a des ennemis partout, et des frontières nulle part. La Russie la presse par la pointe de ses États. L'Autriche la coupe par le milieu de ses provinces. La France l'atteint à l'extrémité de ses territoires, séparés du corps de la monarchie. Elle ressemble à ces maisons de Berlin qui ne sont bâties que du côté de la rue ; cet État n'a encore qu'une façade sur l'Europe. »

Les Allemands eux-mêmes ne parlent pas

1. Pallain, *Préface.*

autrement : « La Prusse, dit Gervinus, acquérait
sur les bords du Rhin et en Westphalie une
population qui, par sa confession religieuse, par
les effets de la domination des Français et des
institutions françaises, par les liens étroits qui
avaient uni autrefois la France à ces pays, con-
tenait des éléments aussi hétérogènes et aussi
irréconciliables que possible et devait offrir les
plus grandes difficultés à l'administration prussienne. »

Enfin, — et c'est ici un des points les plus
importants du débat, — s'allier avec la Russie et
la Prusse, c'eût été les mettre toutes deux en
contact avec l'Autriche, l'une au pied des Krapacks, l'autre aux défilés de la Saxe ; c'eût été
livrer à la Prusse le champ d'opérations militaires dont Frédéric au dix-huitième siècle, et
Napoléon au dix-neuvième, s'étaient servis, on
sait comment. « La Saxe étant dans les mêmes
mains que la Silésie, écrivait M. de Talleyrand,
la Bohême pourrait être enlevée en peu de semaines, et, la Bohême enlevée, le cœur de la
monarchie autrichienne serait à découvert et
sans défense. » Contre l'irrésolution et la versatilité de M. de Metternich, il s'efforçait de s'armer
de l'opinion de l'empereur d'Autriche et de ses
généraux, qui, eux, comprenaient bien qu'il y

allait du salut de la monarchie de laisser tomber
entre les mains de la Prusse les défilés de la
Thuringe et de la Saale.

M. Thiers écrivait son livre en 1860, avant
Sadowa, avant Sedan : peut-être que, s'il l'avait
écrit après, son point de vue se fût modifié.
Lui-même, en 1865, en 1866, ne s'est-il pas
prononcé catégoriquement, à la tribune du
Corps législatif, en faveur de l'alliance autrichienne? Ne s'est-il pas retourné, sur le terrain
et au choc des événements, contre la politique
qu'il avait soutenue la veille et que Napoléon III
pratiquait maintenant pour notre malheur, cette
politique de marchandage avec la Prusse, dont
l'empire se promettait la rive gauche du Rhin,
et où il ne devait rencontrer que déceptions et
échecs jusqu'au désastre suprême? Écoutons-le :
« Le plus grand principe de la politique européenne est que l'Allemagne soit composée d'États
indépendants. Le Congrès de Vienne a formelle-
ment maintenu ce vieux principe » (3 mai 1866).
Est-ce M. Thiers qui parle, ou Talleyrand ? Et
encore : « Il y a deux puissances dont l'union
est faite, invariable : la Prusse et la Russie.
Quelle est pour la France la puissance avec
laquelle il serait sage de se préparer à pouvoir
former des desseins communs ? C'est l'Au-

triche... » (13 avril 1865). « Lors même que
l'alliance prussienne vous apporterait un accroissement de territoire quelconque, cette politique n'en deviendrait que plus honteuse : car
elle aurait consenti à recevoir un salaire pour
la grandeur de la France, indignement compromise dans un prochain avenir. » (3 mai 1866.)
Ici, la contradiction est flagrante : l'orateur, à
six ans de distance, réfute l'historien ; et la dureté de ses paroles est le plus bel hommage
à la clairvoyance de Talleyrand.

L'auteur allemand de la préface placée en tête
de la traduction allemande du livre de M. Pallain
compare la situation de la France après les traités
de 1815 avec celle de la France après Sadowa, et
juge la première bien préférable à la seconde.
Ainsi, aux yeux de nos ennemis eux-mêmes, la
position de la France, vaincue et démembrée,
après les désastres du premier Empire, était meilleure que celle de la France en pleine paix, en
1866, mais compromise plus gravement encore
par l'impéritie et la faiblesse du second. La
Prusse, reprenant en 1866 sa tactique de 1741,
de 1757, de 1778, qui consistait à se jeter dès
l'abord sur la Bohême, la Prusse accomplit
précisément à Sadowa le dessein que M. de
Talleyrand s'était efforcé d'entraver en 1814 au

Congrès de Vienne. Il faisait donc œuvre d'homme d'État et de patriote en cherchant à empêcher le contact de la Prusse et de l'Autriche. qui devait nécessairement assurer la prépondérance de la première sur la seconde. et peut-être un jour sur nous-mêmes.

V

Tels sont les principaux motifs qui ont guidé Talleyrand : motifs plus élevés et plus sérieux. on le voit, que ceux que M. Thiers, dans le feu de son plaidoyer, lui a parfois prêtés.

Si l'on réfléchit qu'une alliance entre la Russie et la France aurait servi la première bien plus que la seconde [1]; que les *quatre*, divisés entre eux, se seraient toujours réunis contre nos tentatives d'agrandissement, et que, même avec l'appui de la Russie, nous aurions eu mille difficultés à imposer nos volontés au concert

1. Cf. Tilsitt. — Louis XVIII à Talleyrand : «S. M. Impériale voudrait plutôt me rapprocher d'elle que se rapprocher de moi. » (9 mai, 10 décembre 1814.) V. Jaucourt à Talleyrand, octobre 1814.

des puissances; si l'on songe que personne, en
ce moment, à Paris, ne voyait clair, ne s'inté-
ressait à la Saxe, — la Prusse, disait-on, est
un tampon entre la Russie et la France ! —
et qu'au contraire Talleyrand faisait porter
d'abord tout l'effort de ses négociations sur la
Saxe, qu'il considérait comme l'affaire capitale,
au lieu de s'occuper en premier lieu, comme
l'aurait voulu Louis XVIII, du rétablissement
de Ferdinand à Naples, question secondaire et
dynastique : si l'on considère la rapidité avec
laquelle il prit rang au Congrès; si l'on se rap--
pelle les violentes colères des Prussiens contre le
prince de Hardenberg, qui n'avait pu maintenir
la Saxe en leur pouvoir; si l'on examine les
résultats obtenus : ce royaume conservé comme
puissance de troisième ordre avec environ treize
cent mille âmes ; une masse de deux millions
d'habitants séparant l'Autriche et la Bavière de
la Prusse; celle-ci n'ayant ni Luxembourg ni
Mayence, et ne touchant notre frontière sur
aucun point (car ce n'est qu'en 1815 que les
puissances établirent le contact immédiat de la
Prusse et de la France); si enfin on veut bien se
souvenir que l'expérience de l'alliance prussienne
avait été tentée à diverses reprises depuis 1795,
sous la Convention, sous le Directoire, sous l'Em-

pire, — et pour quels résultats[1]! — si l'on tient
compte de tous ces faits, on rendra peut-être
plus de justice à la politique de Talleyrand, et
l'on trouvera les attaques de certains historiens
et de certains critiques singulièrement exagérées.

Sans doute, tout, dans son œuvre à Vienne,
n'est point irréprochable : il a acheté cher ses
nouvelles alliances ; on peut s'étonner, avec
M. Thiers, qu'il ait omis de stipuler, dans le
traité du 3 janvier (qui, même en cas de guerre
et de victoire, liait la France aux conditions
de celui de Paris[2]), le rétablissement des Bour
bons de Naples, point auquel Louis XVIII, mû
principalement par les intérêts de sa race et de

1. On a rappelé aussi que Napoléon, à son retour de l'île
d'Elbe, dénonça l'alliance conclue par Talleyrand avec l'Angleterre et l'Autriche, et essaya inutilement de s'allier à
la Russie. Cela est vrai ; mais il faut dire que la situation n'était plus la même. De ce que le czar a refusé de
traiter avec Napoléon en 1815, il ne s'ensuit pas qu'il eût
refusé de se rapprocher de Louis XVIII en 1814. Cette
contre-épreuve de la politique de Talleyrand, si elle était
unique, ne serait pas décisive.

2. M. Thiers a vivement blâmé Talleyrand d'avoir ainsi
lié la France : « Il était pris, dit-il, à un terrible piège. »
Mais, pour l'avenir : en cas de paix, la France ne pouvait
prétendre à rien de plus que ce qu'elle avait obtenu à Paris ;
en cas de guerre, tous les traités étaient déchirés ; et, quant
au présent, cette condition n'était-elle pas nécessaire pour
obtenir l'appui de deux puissances qui, en réalité, nous étaient
hostiles ?

sa dynastie, attachait le plus d'importance: de sorte que ce rétablissement n'eût pas eu lieu si l'impolitique Murat n'était venu fournir lui-même, au dernier moment, l'occasion que Talleyrand avait laissé échapper[1].

On peut trouver aussi qu'il a parfois obéi plus à ses nerfs qu'à sa raison en froissant à tort ceux-là mêmes dont il recherchait l'alliance et dont il avait le plus besoin (par exemple M. de Metternich, dans les réunions d'octobre et de novembre), et qu'il eût mieux fait de montrer moins d'impatience et de laisser l'Angleterre et l'Autriche venir à lui, au lieu d'aller à elles, afin d'en obtenir davantage. Certes, il n'y a pas lieu de s'extasier, comme on l'a fait, devant la conclusion d'une alliance qui, d'une façon ou de l'autre, ne pouvait pas ne pas être conclue, malgré le ferme propos des alliés de rester unis et de nous exclure de leurs délibéra-

---

1. On sait que Metternich avait, pour ménager Murat, une excellente raison : il aimait sa femme (V. *Corr.*, l. XXII. Talleyrand au roi; l. XXXVIII, le roi à Talleyrand ; et les *Mémoires de madame de Rémusat*, t. III, p. 48). Louis XVIII revient sans cesse dans ses lettres à l'affaire de Naples; il craignait un retour de Napoléon par l'Italie. — Remarquons, d'ailleurs, que cette question était liée à celle de la Saxe, puisque, les affaires de celle-ci étant réglées, l'Autriche put envoyer 150.000 hommes en Italie.

tions [1]. Mais ce que nous avons voulu montrer, et ce qui ressort en pleine lumière de cette correspondance, c'est que Talleyrand a admirablement compris et servi les intérêts de la France au Congrès, en cherchant à entraver de toutes ses forces l'unification de l'Allemagne par la Prusse.

1. Ainsi qu'il résulte des deux importants protocoles du 22 septembre 1814 ; le second, qui pourtant avait été *fait pour être connu de la France*, n'avait jamais été publié. Les alliés s'y étaient entendus pour nous laisser simples spectateurs du Congrès, et pour ne nous admettre à leurs conférences « qu'à mesure qu'il auraient terminé entièrement, et jusqu'à un parfait accord entre eux ». (V. *Corr.*, p. 340, 343).

VI

Tandis qu'il défendait la cause de la France et de la royauté, celle-ci faisait faute sur faute et rendait possible le retour de Bonaparte, par où fut détruit le fruit de tant d'efforts.

M. de Talleyrand eût voulu que le roi demeurât sur le territoire, d'accord en cela avec les quelques hommes éclairés qui entouraient le souverain. Le maréchal Mortier, qui était à Lille, conduisit le roi en Belgique avec tous les honneurs qui lui étaient dus, puis revint à son poste, réunit ses officiers et leur dit : « Moi, Messieurs, je reste en France[1]. »

De tous les documents inédits publiés par M. Pallain, l'un des plus précieux est le célèbre rapport de Talleyrand à Louis XVIII pendant le

1. Nous tenons le fait d'un membre de sa famille.

voyage du roi de Gand à Paris. Ses jugements
sur la politique intérieure de la France sont d'une
sagesse et d'une prévoyance remarquables. Il
avertit Louis XVIII en 1815 comme il avait pré-
venu Louis XVI en 1790 et Napoléon en 1808.
Il lui prouve, avec une sincérité hardie, comme
quoi les fautes de son entourage compromettent
le principe de la légitimité. Il expose ce qu'il
entend par légitimité, non celle de Louis XIV,
que, par un anachronisme singulier, certains
hommes de malheur voulaient ressusciter, mais
bien la royauté constitutionnelle et parlementaire,
qui sauvegardait les principales conquêtes de
la Révolution. Il énumère les libertés indispen-
sables et les garanties légales qui seules pouvaient assurer l'avenir de la monarchie, et réclame un Cabinet homogène et responsable, à
l'instar de l'Angleterre [1]. Encore tout rempli
des délibérations de l'Europe assemblée, grandi
par le rôle considérable qu'il y a joué, ministre
plus que jamais nécessaire [2], il parle au roi
avec une singulière autorité; il lui conseille in-

1. Wellington avait dit, sous la première Restauration :
« Il y a des ministres, mais pas de ministère. »
2. Chateaubriand proposait qu'on mît Talleyrand à la tête
du ministère et le duc d'Orléans à la tête de l'armée. Le
czar prévoyait l'avènement possible du duc d'Orléans à la
seconde Restauration.

stamment d'éviter ce qu'il appelle, dans une lettre à M. de Jaucourt (qui sentait le danger comme lui), « les formes de l'émigration » à la Blacas, et les airs de Coblentz. Puis, avec une finesse charmante, et mettant dans la bouche des monarques sa propre pensée : « Les souverains m'ont dit qu'ils avaient remarqué avec regret dans la déclaration une phrase où Votre Majesté fait entendre... qu'elle s'est soumise à accepter leurs secours... Ils craignent que, par là, Votre Majesté ne se soit donné, aux yeux de la France, le tort de paraître imposée... »

Louis XVIII se servit du rapport de Talleyrand dans sa proclamation de Cambrai : on y trouve des phrases entières de ce Mémoire, et le ministre la contresigna [1]. Malheureusement, de retour à Paris, — et Napoléon en route pour Sainte-Hélène, — Louis XVIII se laissa ressaisir par des influences contraires, et, bien peu de temps après, le 26 septembre 1815, Talleyrand donna sa démission définitive. En se privant du concours et des lumières d'un tel homme dans un tel moment, la monarchie restaurée prouvait son incapacité de gouverner le pays de la Révolution, et préparait de loin sa propre chute :

1. *Moniteur*, 7 juillet 1815.

car il est permis de croire que, si Talleyrand
était resté aux affaires et avait appliqué le programme de 1815 au lieu de consumer sa vieil-
lesse dans un rôle secondaire, la révolution de
juillet 1830 n'eût pas eu lieu [1].

Ce livre n'est donc pas moins curieux au
point de vue de la politique intérieure qu'au
point de vue des affaires étrangères; il jette une
vive lumière sur une des périodes les plus émouvantes de notre histoire.

Il est aussi une leçon. A la fin de sa vie,
le 27 novembre 1830. M. de Talleyrand écrivait
à M. Molé : « La France ne doit pas songer
à faire ce qu'on appelle des alliances, et elle
doit être bien avec tout le monde, et seulement mieux avec quelques puissances, c'est-à-
dire entretenir avec elles des rapports d'amitié
qui s'expriment lorsque les événements politiques
se présentent. Ce genre de lien doit avoir aujour-
d'hui un principe différent de celui qu'il avait
autrefois. Ce sont les progrès de la civilisation
qui formeront désormais nos liens de parenté.

1. Les lettres du roi sont bien inférieures à celles de son
ministre. Talleyrand, qui avait été le second, d'abord auprès de
Mirabeau, puis auprès de Napoléon, était bien, cette fois,
le premier. D'ailleurs, Louis XVIII s'entendait et se plaisait
peu aux affaires extérieures. Talleyrand le mène de haut;
ue ne l'a-t-il mené plus longtemps?

Nous devons donc chercher à nous rapprocher davantage des gouvernements où la civilisation est plus avancée. C'est là que sont nos vraies ambassades de famille. »

Cette politique, dernier mot de la vieille expérience de celui qui fut le prince des diplomates dans une époque où la diplomatie brilla d'un si vif éclat, cette politique n'est-elle pas aujourd'hui encore la meilleure, la plus conforme aux intérêts et à la gloire de ce pays? Le jour où la République française aurait besoin d'un point d'appui au dehors, ne devrait-elle pas nécessairement se tourner vers les nations chez lesquelles la civilisation est le plus avancée et les institutions le plus conformes aux siennes [1]?

---

1. En écrivant ces lignes, il y a près de sept ans, nous avions surtout en vue la question de la Méditerranée; l'année suivante, cette politique allait être singulièrement compromise, dans l'affaire d'Égypte, par ceux-là mêmes qui s'en proclamaient les plus ardents défenseurs. Elle avait reçu déjà, du reste, de rudes atteintes, par notre faute, dans l'affaire des duchés danois et dans l'affaire du Mexique. Dans l'affaire des duchés, c'est nous qui avons refusé à l'Angleterre de prendre part à une action navale qui eût préservé l'Europe des bouleversements qu'elle a subis depuis. Au Mexique, c'est nous qui avons rompu nos engagements avec l'Angleterre, l'accord qui avait présidé aux préparatifs de l'expédition. Enfin, en Égypte, c'est nous qui avons détruit de nos propres mains le *condominium*.

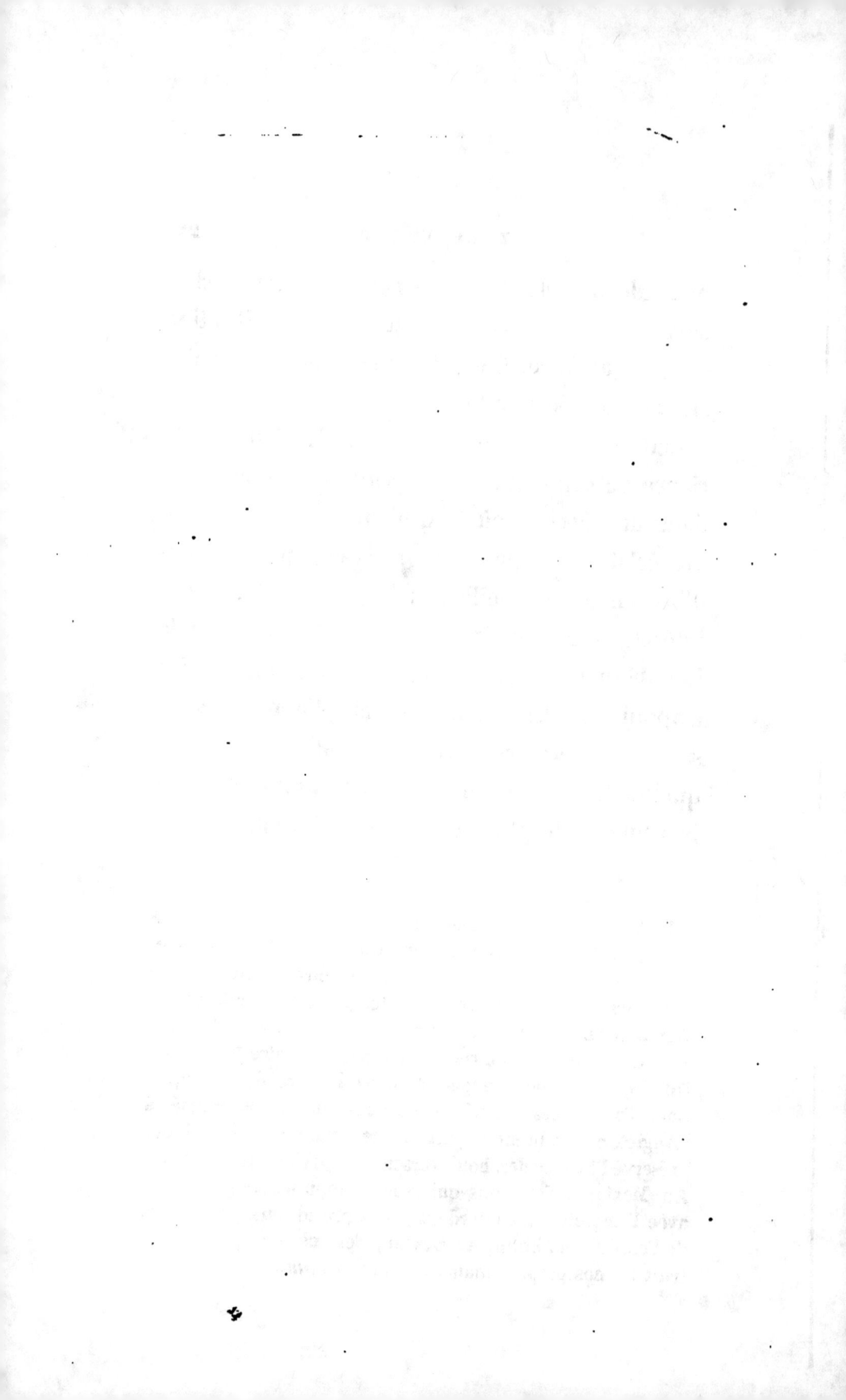

BERRYER [1]

Septembre 1879.

Ce qu'on est convenu d'admirer surtout, chez Berryer, c'est la fidélité inviolable à une forme de gouvernement, ou, pour parler plus exactement, à une dynastie. — à une dynastie malheureuse. Sans doute, c'est une originalité grande, que de représenter, dans un pays et dans un siècle où tout passe, une règle immuable; ce n'est pas toutefois ce qui nous touche le plus. Nous ne connaissons, en politique, qu'un principe, qu'une foi, qu'une religion : l'intérêt de l'État. Berryer a été un patriote éclairé, clair-

---

1. *Discours parlementaires*. Cinq vol. — *Plaidoyers* Trois vol. chez Didier.

voyant ; il a été fidèle aux intérêts permanents,
généraux, essentiels de la patrie ; il les a bien
compris, et il a bien compris aussi, prévu.
annoncé les périls qui la menaçaient ; il a
applaudi à ses rivaux, à ses adversaires, toutes
les fois qu'ils prenaient quelque mesure utile à la
force et à l'honneur de la nation : voilà, à nos
yeux, la partie durable de sa gloire. Et, si nous
avions un regret à exprimer, c'est que son attachement à une famille, puis à un souvenir
(plutôt encore qu'à une forme constitutionnelle).
l'ait réduit, en somme, à un rôle platonique. et
ait borné à l'enceinte des assemblées une action
qui eût pu s'exercer avec plus d'efficacité dans
les conseils du pouvoir.

I

Nous avons quelque peine à nous figurer aujourd'hui, nous, libéraux de 1879, comment ce fils de la bourgeoisie, ce « plébéien », comme il s'appelait lui-même non sans fierté dans un de ses plus beaux discours, ce fils de la Révolution qui n'a jamais renié sa mère, cet amant passionné de la liberté, a mis son génie au service de la vieille monarchie française. Nous devons, pour comprendre ce qui nous paraît une étrange contradiction, nous reporter au temps où il naissait à la vie publique. Il a fait lui-même sa confession à la tribune de l'Assemblée législative en 1851, quelques mois avant le coup d'État. Ce jour-là, à propos du projet de révision de la Con-

17.

stitution, il passa en revue les divers régimes qui
s'étaient succédé en France depuis la Révolution,
et ses impressions au spectacle de ces changements. Il raconta comment, à vingt ans, il avait
été séduit, avec toute sa génération, par l'épopée
de l'Empire :

« J'étais bien impérialiste à dix-huit ans ; j'é-
tais bien impérialiste à vingt ans encore. Oh ! la
gloire de l'Empire ! Je suis sorti du collège au
bruit du canon d'Iéna ; et quelle tête n'eût pas
été enivrée !..» Mais j'ai réfléchi ; j'étudiais alors...
je me rendis compte un peu des conditions des
gouvernements. J'avais un père, homme de labeur, homme de pauvreté, voulant m'inspirer le
goût du travail. En 1811 ou 1812, il mit près de
moi un ancien député aux États-Généraux ; il
donna mission à cet ancien député de me faire
étudier quoi? Ce à quoi personne ne songeait à
cette époque : les procès-verbaux de l'Assemblée
Constituante. Je les ai étudiés pendant dix-huit
mois... J'ai commencé alors à comprendre ; j'ai
senti le despotisme ; il m'a été odieux. Je n'ai pas
attendu sa chute. J'ai ici de mes amis d'enfance,
ils savent qu'avant la chute de l'Empire, je leur
disais : « Vous ne vous rendez pas compte de
votre gouvernement ; il est odieux, il est intolérable, la gloire ne couvre pas cela ! »

Et alors, par un admirable mouvement d'éloquence, avec ce que Mirabeau appelait le don terrible de la familiarité, se tournant vers un membre de l'assemblée, l'un de ses amis d'enfance, et l'invoquant du geste : « Tu m'es témoin ! » dit-il; et continuant au milieu des acclamations de la Chambre : « Eh bien, oui, j'ai senti le despotisme, et pour moi, il a gâté la gloire ! Et puis, j'ai vu l'infidélité de la victoire... »

Et, baissant la voix, indiquant du doigt les lieux qui environnaient l'assemblée :

« J'ai vu l'étranger amené par nos revers jusqu'ici. J'ai vu tout un grand gouvernement, une immense puissance qui reposait sur un seul homme, disparaître en un jour, disparaître parce que son épée était abattue, et qu'un jour, un seul jour, il n'était pas triomphant. Plus de gouvernement, plus de lois, tout s'anéantissait, tout partait avec un seul homme ! Oh ! alors, j'ai compris que, malheur aux nations dont l'existence, dont le gouvernement, dont la Constitution a pour base ou la mobilité des passions populaires qui conduisent aux hontes du Directoire, ou l'autorité immense du génie d'un grand homme qui conduit à d'éclatantes victoires, à d'immenses succès, mais aussi à d'affreux revers, à un anéantissement complet, à un effacement de tout ce

qui constitue la société ! Faire reposer la destinée
d'un peuple sur la tête d'un homme, c'est le plus
grand de tous les crimes. Ah ! j'ai compris alors
la nécessité d'un principe ! »

Ainsi Berryer devint royaliste parce qu'il avait
vu le fond de l'abîme du gouvernement personnel
après l'oppression du despotisme, parce que la
monarchie restaurée était comme une sorte de
renaissance au sortir de l'étouffement impérial :
la monarchie, à cette époque, après les convulsions révolutionnaires et les désastres de l'Empire, c'était non seulement la restauration politique, mais aussi la restauration intellectuelle du
pays, celle des lettres, des arts et de l'industrie ;
c'était la libre discussion substituée à l'obéissance
passive, c'était la tribune parlementaire relevée.
Quoi d'étonnant alors qu'un jeune et généreux
esprit, qu'une vive et brillante parole fussent
attirés vers ce régime nouveau qui avait Chateaubriand pour panégyriste et qui semblait offrir
à la France, avec le souvenir de ses anciennes
gloires, la paix et la liberté ?

Comment, d'ailleurs, une âme éprise d'idéal
n'eût-elle pas préféré les combats de la tribune,
les conquêtes de la persuasion et de la raison,
le *certamen honestum et disputatio splendida* aux
jeux aveugles de la force ?

Certes, les émotions de l'artiste sont grandes,
qui, au théâtre, soulève tout un peuple aux
accents de sa voix, communiquant sa vie à la
multitude qu'il agite; certes, les joies de l'auteur
sont grandes aussi, qui assiste au triomphe de
son œuvre, qui suit les effets de son génie dans
le cœur de la foule, qui fait passer sa substance,
sa flamme, dans l'âme de ses semblables; mais
qu'est-ce donc, lorsque l'auteur et l'interprète
ne font qu'un; lorsqu'il s'agit, non de fictions,
mais de réalités; lorsque l'orateur entend chacune de ses paroles, qui sont des actes, retentir
aussitôt dans l'assemblée, dans le pays, dans
l'univers civilisé, lorsqu'il crée l'histoire? Là se
déploient les plus hautes facultés de l'homme;
là, les jouissances de la création improvisée
sur une pensée longuement mûrie servent les
intérêts essentiels des gouvernements et des
sociétés.

Berryer sentait tout cela plus que personne;
et, comme l'ancienne monarchie relevait cette
tribune abattue par l'Empire, la cause de la
royauté se confondit à ses yeux avec celle des
libertés parlementaires : il devint royaliste parce
qu'il était né orateur. En même temps, il vit
dans la Restauration le retour à la légalité que
l'Empire avait violée; et, en ce sens, on peut dire

qu'il devint royaliste parce qu'il était l'homme de la loi et du droit : *Forum et Jus*. Ainsi, le régime nouveau satisfaisait à la fois son intelligence et sa conscience, ses goûts et ses principes.

II

S'il est facile d'expliquer par ces motifs comment Berryer devint royaliste, il est moins facile de savoir pourquoi il le demeura lorsque la
monarchie se sépara du parti de la Révolution
et de la liberté. Il était arrivé à la Chambre en
1830, à quarante ans (c'était alors l'âge légal): à
peine y avait-il siégé, que M. de Polignac lui
offrait le portefeuille de la justice ; il refusa, sous
prétexte qu'il était trop neuf dans les choses de
la politique, mais en réalité parce qu'il avait eu
avec le premier ministre un entretien d'où il était
sorti navré, prévoyant, comme il l'a dit, « la
ruine de la monarchie et l'ère des révolutions
indéfiniment rouverte ». M. de Falloux, dans

son livre intitulé *l'Évêque d'Orléans*, a publié le récit curieux d'une conversation qu'il eut vers 1856 à Augerville avec MM. Berryer. Thiers, de Montalembert et l'abbé Dupanloup. Berryer y conta son entrevue avec M. de Polignac, et comment ce ministre s'imaginait, en véritable illuminé, recevoir du ciel les inspirations de sa funeste politique. Ainsi, par une étrange fortune, Berryer, à peine entré dans la vie publique comme fervent catholique et royaliste, avait pour premier spectacle la ruine imminente de la monarchie. Mais, engagé comme il l'était, il ne crut pas pouvoir, une fois la révolution accomplie, suivre ses émules, les Guizot et les Thiers, dans la destinée nouvelle de la France. Il y avait d'ailleurs un rôle à prendre, un rôle trop facile peut-être pour un talent comme le sien: c'était de faire un parti à lui seul, de rester dans ce poste élevé, isolé, et de dominer de là-haut les agitations de son temps. .

S'il n'eut pas ce que M. Guizot a appelé « la plus noble ambition d'une grande âme : gouverner un pays libre », il fut, à l'égard de nos gouvernements successifs et de nos révolutions, comme une sorte de postérité contemporaine; il put, en gardant une entière indépendance, critiquer à son aise et juger impartialement les

événements et les partis; et cette impartialité
sereine lui donnait d'autant plus de force contre
ses adversaires.

C'est ainsi qu'un jour, en 1837, attaquant
certains actes de cette monarchie constitutionnelle à la durée de laquelle il ne voulait pas
croire — sa situation le lui défendait : —
« La force des gouvernements, dit-il, c'est
d'être appuyé sur un bon principe, et surtout
d'être fidèles au principe qui les a constitués. »
Et il démontra comment tous les gouvernements depuis 1789 se sont tués eux-mêmes, ou
parce que leur principe était mauvais, ou parce
qu'ils se sont détournés, écartés de leur principe : « La Convention s'est suicidée, et par l'horreur du principe de terreur dont elle a voulu
s'armer, et par les crimes sans nombre dont elle
a couvert la face du pays. Le Directoire! Mais
est-ce que le Directoire n'avait pas lui-même
anéanti les Conseils qui étaient alors la base du
gouvernement? Est-ce qu'il ne les avait pas
anéantis en déportant les meilleurs, les plus
honnêtes citoyens et les plus éclairés du pays,
avant qu'un soldat dédaigneux repoussât du pied
en une heure et dispersât les restes honteux de
ces assemblées déjà détruites? L'Empire a eu un
mauvais principe de gouvernement. Il est né dans

ce même jour, dans ce jour de violence; il a voulu tout devoir à la force, il vivait sur la parole de la victoire; et, quand la victoire lui a été infidèle, l'Empire n'était plus! »

Alors un député du Centre l'interrompit : « Et après l'Empire, dit-il, vous vous arrêtez? » — « Non, je ne m'arrêterai pas, répliqua Berryer ; et pourquoi ne dirais-je pas tout? La question est assez haute; elle domine assez les intérêts permanents et éternels de mon pays pour que je dise tout à l'égard de tous. » Et il expliqua pourquoi la Restauration, elle aussi, était tombée, parce qu'elle avait été infidèle à son principe : « Elle est tombée le jour où elle a voulu entrer dans les moyens exceptionnels; la tempête s'est alors élevée et le trône a disparu... »

Ce n'était donc pas seulement dans les conversations intimes, c'était aussi du haut de la tribune, qu'il disait franchement son opinion sur les hommes et les choses du parti royaliste. Son royalisme platonique était pareil à un de ces réduits aimés auquel l'homme a attaché ses souvenirs de jeunesse et qu'il est heureux de retrouver comme un refuge fidèle au milieu des luttes de la vie; c'était un abri respecté, d'où il exerçait cette magistrature de l'éloquence et du génie. L'opposition est toujours populaire en France.

et sans doute la situation de Berryer critiquant
tour à tour tous les gouvernements était plus aisée
que celle des hommes qui portaient le poids des
affaires; mais du moins son opposition ne fut
jamais systématique, parce qu'il ne cherchait
pas à renverser les ministères pour en recueillir
la succession.

La vraie condition de la moralité des opposi-
tions est de ne pas demander plus aux hommes qui exercent le pouvoir qu'on ne pourrait
faire soi-même si l'on y était. Sans doute, il
est difficile à ceux qui sont dans l'opposition.
même lorsqu'ils sont absolument désintéressés.
de ne pas se faire quelques illusions, de ne
pas se tromper sur les difficultés du gouvernement, comme des gens qui, du rivage, regardent la manœuvre des matelots; ils demandent peut-être toujours un peu plus qu'on ne
peut leur donner; c'est l'aiguillon nécessaire du
progrès. Berryer lui-même ne résistait pas toujours au plaisir de mettre les gouvernements en
contradiction avec eux-mêmes. Il est déjà facile
d'y mettre un homme, à plus forte raison un
groupe d'hommes, et un groupe d'hommes aux
prises avec toutes les difficultés de la vie parlementaire. Mais jamais aucune pensée d'intérêt
n'entra dans son esprit, et c'est ce qui lui

donnait tant de force : n'ayant jamais été au pouvoir et ne cherchant pas à le conquérir, il avait tous les avantages de l'indépendance, aucune des difficultés de l'action.

III

De là, une très grande tolérance, un respect profond et sincère des convictions d'autrui qui commandait le respect pour les siennes :

« C'est une mauvaise réponse dans nos discussions, s'écriait-il, de dire à un homme : « Vous » êtes républicain, vous êtes légitimiste; » comme on a su dire dans des questions moins graves : « Vous êtes du tiers-parti ;» comme bientôt peut-être on n'hésitera pas à dire : « Vous êtes doctri-» naire. » Il faut agir autrement avec les partis qui existent, qui doivent exister, qui sont nés en France de mouvements immenses, puissants, qui ont partagé notre pays; de mouvements auxquels se sont attachées des convictions qui doivent subsister

pour l'honneur même du pays, pour justifier de
la loyauté des consciences et de la bonne foi des
intelligences. Il y a dans les partis des choses dé-
testables : c'est le sentiment personnel, c'est la vue
ambitieuse, c'est la pensée égoïste, c'est l'idée de
soi-même et des siens prévalant toujours au milieu
des grands et permanents intérêts du pays : voilà
ce qui est détestable, ce qui est odieux... Mais
il y a quelque chose d'honorable, de respectable,
et qu'il faut toujours écouter, au fond des partis :
c'est la foi dans les principes, c'est la fidélité aux
doctrines, c'est la fermeté dans les convictions
loyalement formées. »

Un trait curieux à observer dans cette éloquence, c'est l'absence presque complète d'i-
ronie. Il semble que le respect qu'il eut toujours pour ses adversaires, la tolérance de son
esprit, la loyauté de sa nature, lui rendis-
sent inutile cette arme, l'une des plus redoutables de la tribune. D'aucuns pensent que, sur
un public relativement affiné, blasé, passable-
ment sceptique, l'ironie a plus de prise que l'enthousiasme : cela est vrai pour les orateurs qui
ne peuvent s'élever par de grands coups d'aile
aux sommets de l'éloquence, et chez qui, même
dans le pathétique, on sent toujours l'art ; mais,
quand l'art disparaît, quand c'est le cœur qui

parle. combien la flamme vaut mieux que l'ironie! combien le langage sincère d'un galant homme laisse loin derrière lui les plus savants effets de l'artiste en paroles! Dédaignant les chemins détournés, Berryer allait droit à l'adversaire, l'attaquait de front et le renversait « d'un coup de corne », suivant le mot de M. Thiers, qui le redoutait.

L'avocat doublait l'orateur. Comme M. Thiers, il possédait l'art de rendre claires et attrayantes les questions de chiffres les plus arides et les plus compliquées. Avec cela, une imagination fertile, et des coups de théâtre, des surprises étonnantes [1].

Enfin tous les dons extérieurs : « on ne s'imagine pas, dit M. de Sacy, ce que devenait une phrase, un mot, un cri dans la bouche de M. Berryer. »

On comprend dès lors comment la lecture de ses discours ne peut donner qu'une faible idée de

[1] Un jour, dans un procès criminel où toutes les preuves étaient réunies contre son client accusé d'assassinat, excepté une, — on n'avait pas retrouvé le cadavre,—Berryer, après avoir insisté sur ce point dans sa péroraison, s'écria tout à coup : « Eh bien, si je vous disais, messieurs les jurés, que cet homme qu'on croit mort ne l'est pas; qu'il est vivant, qu'il est en France, qu'il est dans cette ville, qu'il est dans cette salle, qu'il est là!... Ah! vous vous êtes retournés : vous n'êtes pas convaincus ! »

l'effet qu'ils produisaient. Il en est trop souvent de l'art de nos orateurs modernes comme de l'art du comédien : la vie, la flamme éteintes, qu'en reste-t-il? Ce recueil de discours est comme les photographies, qui rendent les traits, non la couleur.

Au surplus, Berryer, comme on l'a pu voir par les extraits que nous avons cités, n'avait point de style. Parfois la force de l'idée et la chaleur du mouvement amènent la beauté de la forme; mais le plus souvent l'expression en elle-même est peu frappante, la phrase négligée.

IV

On peut se demander ce qu'aurait été Berryer au pouvoir. Si le politique devait nécessairement faire preuve aux affaires des qualités
qu'il déploie dans l'opposition, ce qui est rare,
il aurait eu la première qualité de l'homme
de gouvernement : la perception nette des événements et de leurs conséquences. Ses discours
sont pleins de prédictions qui se sont réalisées
depuis.

Dès 1836, répondant à M. Thiers, président
du Conseil, sur la question de l'alliance anglaise, Berryer, après avoir tracé un tableau
magistral de l'Europe, arriva à la Prusse, et
soutint que le système des lignes de douanes

prussiennes n'était pas un lien purement com-
mercial qui se romprait au premier conflit, mais
un moyen de fortifier l'unité allemande, de former entre un grand et de petits États un lien
matériel et moral, afin de diminuer l'influence
française.

Ses prévisions sur l'avenir de la monarchie de
Juillet n'étaient pas moins justes, et, lorsque
Lamartine signalait cette sorte de maladie morale, ce dégoût, cet « ennui » qui lassait le
pays, Berryer, comme Tocqueville, avertissait le
gouvernement du mouvement profond qu'il ne
paraissait pas soupçonner et qui devait changer
tout à coup en 1848 la face de la société française : « Dans les classes de la société qui sont
étrangères à toute participation aux droits politiques, que fermente-t-il ? On monte de classe
en classe ; les sommités s'effacent et disparaissent, et les classes inférieures arrivent au sommet.
La bourgeoisie, la classe moyenne, elle, a conquis
la première place ; elle a l'ascendant, elle domine ; mais elle est d'autant plus pressée par
les classes inférieures qui montent à leur tour,
chez qui le sentiment du droit de concours à
la chose publique se développe chaque jour.
Croyez-le, c'est un avertissement sincère que je
vous donne... »

De même, à la tribune de l'Assemblée législative, il prédit l'Empire en ces termes : « Si la majorité qui sauve la société française est brisée, je déplore l'avenir qui est réservé à mon pays. Je ne sais pas quels seront mes successeurs, je ne sais pas si vous en aurez; ces murs resteront peut-être debout, mais ils seront habités par des législateurs muets. » Quelques mois après, il était jeté à Vincennes par le prince qu'il avait défendu jadis.

Un témoin oculaire nous a raconté qu'après le coup d'État, Louis Bonaparte se rendit au Palais-Bourbon et, montrant la tribune, dit : « Vous ôterez ça. » Quelques jours après, il revint pour voir si son ordre avait été exécuté, alla se placer à l'endroit même où avait été la tribune, puis, se croyant seul, frappa trois fois le sol du pied, comme pour écraser jusqu'au souvenir des libertés parlementaires.

On sait le rôle de Berryer sous l'Empire : il fit de la barre une tribune, et, en défendant soit les princes d'Orléans, soit les ouvriers républicains, il resta l'avocat de la liberté, jusqu'au jour où, en 1863, il rentra à la Chambre avec son émule et ami M. Thiers.

Il est mort en 1868, trop tôt pour voir les malheurs qu'il avait prévus, trop tôt même pour

essayer de les prévenir avec M. Thiers, à la tête
de l'opposition.

En 1871, sans doute, il eût prêté son concours
dévoué et désintéressé au libérateur du territoire. On sait que ces deux grands hommes, jetés
dans des camps différents, se sont toujours ad-
mirés et aimés tout en se combattant. M. Ch. de
Mazade a raconté [1] l'origine de leur amitié. Un
jour, au lendemain des affaires de la duchesse
de Berry, M. Thiers, alors ministre de l'intérieur,
avait pressé Berryer d'aller déjeuner familière-
ment avec lui. Lorsqu'ils furent seuls, il lui montra un portefeuille contenant des révélations
gravement compromettantes pour un certain
nombre de légitimistes. Ces documents, il était
seul à les connaître; il en avait gardé jusque-là
le secret sous sa responsabilité, sans les com-
muniquer même au roi; à la fin de l'entretien, il
jeta spontanément ces papiers au feu : Berryer
fut touché dans sa générosité, comme il était
déjà séduit par l'esprit, par le talent.

Il est permis de croire qu'en 1871, au commencement de la troisième République, il
aurait répété ce qu'il disait en 1848, au commencement de la seconde : « Je vous conjure de re-

1. *Revue des Deux Mondes*, 1er juillet 1879.

connaître que, parmi les hommes qui vous com
battent. il y en a qui ont mis sous leurs pieds
leurs affections, leurs souvenirs. leurs espérances,
leurs vues particulières; pourquoi? Parce qu'ils
sont gens de cœur. gens d'honneur, parce que,
quel que soit le parti auquel ils appartiennent.
quel que soit le gouvernement qu'ils aient servi
ou qu'ils aient regretté. ou qu'ils aient désiré. ou
qu'ils puissent désirer encore pour la France,
*c'est pour la France qu'ils veulent un gouverne-
ment...* Avec le sentiment qui domine dans tous
les cœurs honnêtes, nous ne sommes plus qu'un,
nous avons une cause commune. *nous sommes
tous à la République.* nous sommes tous du même
parti. »

Ce langage. c'est celui qu'ont tenu en 1871
tous les gens de cœur qui ont fondé la République avec M. Thiers. De quel œil Berryer
eût-il vu les intrigues de Versailles? Et qu'aurait-il dit. le jour où il aurait vu son roi
repousser à Frohsdorf le drapeau national, ce
drapeau sous lequel lui, Berryer, avait toujours
combattu? Il n'aurait sans doute pas abandonné
la cause de la royauté, parce que, arrivé au
terme de sa carrière, il eût trouvé plus conforme
à l'unité et teneur de sa vie, à son caractère che-
valeresque, à sa gloire, de rester fidèle à une

grande cause, même sans espérance ; mais il aurait certainement compris, avec sa perception si
nette des hommes et des choses, que la vieille
monarchie française venait de s'ensevelir dans
les plis de son drapeau blanc. Car enfin, il était
toujours resté l'homme du drapeau tricolore,
l'enfant de la Révolution, depuis l'heure où il
lisait les procès-verbaux de l'Assemblée Constituante jusqu'au jour suprême où il glorifiait la
mémoire de Baudin. Oui, il avait voulu la monarchie, mais il l'avait voulue animée de l'esprit
des temps nouveaux, se transformant avec le
siècle. La légitimité l'avait séduit d'abord, parce
qu'il y voyait l'image de la liberté et du droit.
Le jour où elle les viola, il condamna les
hommes, mais resta fidèle au principe. Ensuite,
il n'avait trouvé dans aucun des essais successivement tentés en France de garantie assez sûre,
d'idéal politique assez élevé pour abandonner
celui qu'il s'était fait à lui-même et qui convenait à son esprit, à ses sentiments, à son imagination. Cette monarchie héréditaire, sur laquelle il ne pouvait plus se faire illusion, était
pour lui comme un asile d'où il regardait les
partis, libre de prendre à chacun ce qu'il y trouvait de sage, distribuant le blâme et l'éloge,
défendant tour à tour les causes les plus oppo-

sées. mais de préférence les plus populaires;
enfin, il aurait pu, lui aussi, dire ce que Lamartine répondait à ceux qui lui demandaient quelle
serait sa place dans la Chambre : — « Au pla-
fond. »

Oui, il est permis de penser que sa situation
eût été la même à l'Assemblée de 1871 : indépendant même à l'égard de son parti, il n'eût
pas cru, comme certains monarchistes, que tous
les moyens fussent bons pour sortir de la République. Il eût sans doute parlé au comte de
Chambord en 1873, à Frohsdorf, comme il parlait
à Charles X en 1834, à Tœplitz, lorsqu'il ne
craignit pas de démontrer au roi exilé « la nécessité du mouvement de 89 », et que, interrogé
sur la politique qui conviendrait à la royauté
restaurée, il répondit : « Il faut respecter la
Charte, et en développer les principes par un
système plus large de lois électorales. » Jamais
il ne se laissa toucher par les préjugés aristo-
cratiques de son parti. Lamennais s'était étran-
gement trompé lorsqu'il avait rêvé de faire du
jeune orateur, à son entrée au barreau, une
sorte de prédicateur ultramontain. Berryer ne
fut jamais ni l'un ni l'autre : il resta toujours
libéral et gallican. Aussi, comme il aurait souffert de voir le catholicisme et la légitimité armés

en guerre contre les conquêtes de 89! Comme il
aurait rougi, lui, l'auteur de la protestation de
la mairie du 10e arrondissement au 2 décembre,
lui, souscripteur au monument de Baudin, de
voir les royalistes devenir les complices et les
dupes de l'Empire! Non, jamais il n'aurait poussé
aux excès, même dans l'espérance de revenir
à ce qu'il croyait être le bien! jamais il ne se
serait prêté à ces coalitions immorales qui sont la
honte d'un parti. Et qui sait alors si, voyant l'obstination et l'aveuglement de ceux qu'il appelait
déjà après la révolution de Juillet les « émigrés
à l'intérieur », il n'eût pas, lui aussi, comme
Chateaubriand, compris que la Révolution qu'il
avait toujours fidèlement servie ne saurait plus
avoir désormais d'autre organe qu'une république sage, élevée, sous laquelle la France pût
être fière de vivre? Qui sait si, dans l'anéantissement complet des anciens partis, il n'eût pas
reconnu avec ses illustres amis, les Thiers, les
Dufaure, les Rémusat, les Casimir-Perier, la nécessité d'établir dans ce pays un gouvernement
neutre, anonyme, où tous les hommes d'ordre,
tous les patriotes sincères pussent venir travailler ensemble à la grandeur et à la pacifica-
tion définitive de la patrie?

Certes, Berryer combattrait aujourd'hui l'arti-

cle 7 de M. le Ministre de l'Instruction publique,
comme il défendait contre M. Thiers, dans la
mémorable interpellation de 1845, les congréga-
tions religieuses non autorisées; mais, d'autre
part, aurait-il pu s'associer à la politique du
16 mai? Ah! j'en suis sûr, nous l'aurions vu
soutenir le régime actuel dans tous les actes qui
lui auraient paru opportuns et utiles, résolu à
lutter, comme en 1850, « contre l'ambition et
la sédition », essayant enfin d'acclimater de
nouveau dans notre pays le gouvernement représentatif sous la forme d'une république tolérante
et généreuse.

M. Thiers a dit : « Je serai toujours du côté
de la Révolution quand elle sera dans les
mains des hommes modérés; et, si même elle
vient à passer dans les mains de ceux qui ne
le sont pas, je serai encore avec elle ! » Berryer
a exprimé à peu près la même pensée quelque
temps avant sa mort lorsqu'il a écrit : « Je
resterai toujours fidèle à l'ordre constitutionnel. »

Dans le duel entre le despotisme et la liberté,
il a été et reste des nôtres; il est demeuré le
fils dévoué de la Révolution. Voilà pourquoi il
vivra; voilà pourquoi son nom sera aimé tant
qu'un souffle libre parcourra cette vieille terre

de France, tant qu'il y aura des hommes pour
mépriser la force, pour garder au cœur, avec
l'amour de la patrie, le culte des lois.

M. GLADSTONE

ET LES RÉFORMES ÉLECTORALES EN ANGLETERRE [1].

Août 1880.

I

L'Angleterre, cette grande école de politique, continue de nous offrir des enseignements et des modèles qui ne le cèdent en rien à ceux des siècles passés. Il y a quelques mois, lord Beaconsfield, revenant de Berlin, était accueilli à Londres par les ovations enthousiastes de tout un peuple. Aujourd'hui, M. Gládstone, après une campagne oratoire prodigieuse qui n'a de com-

1. *Questions constitutionnelles* (1873-1878), par W.-E. Gladstone, traduit de l'anglais et précédé d'une introduction, par M. Albert Gigot, ancien préfet de police, 1 vol. in-8°, 1880, chez Germer-Baillière.

parable que le duel de Sheridan et de Fox contre
le second Pitt, après une marche triomphale à
travers l'Écosse qui est à l'éloquence ce que a
campagne d'Italie est à l'art militaire, M. Gladstone, qui, en 1874 et il y a deux ans encore,
paraissait éloigné pour jamais du pouvoir, a fait,
lui aussi, son coup de théâtre, étonné l'univers
par la victoire la plus inattendue sur son illustre
rival, et ressaisi à soixante-douze ans, avec une
jeunesse et une énergie extraordinaires, le gouvernement du plus vaste empire qui soit au
monde.

Comment expliquer ce revirement si rapide, et
presque soudain en apparence, de l'opinion ?
On en a donné des raisons multiples, qui ont leur
valeur relative. Il est certain que la date des
élections a été défavorable aux tories en 1880,
comme elle l'avait été aux whigs en 1874. Lord
Beaconsfield a fait la dissolution trop tard, ou
trop tôt. Il s'est décidé trop tard, parce que,
trompé par les applaudissements de la Cité et
du Parlement, et se croyant assez fort pour pouvoir attendre jusqu'à la fin de la législature, il
a permis à l'opposition de s'organiser et de faire
campagne pendant l'automne, tandis que les
partisans du Cabinet s'endormaient dans une dangereuse confiance. Il s'est décidé trop tôt, parce

que, trompé par quelques élections partielles, à
Sheffield, à Liverpool et à Londres, et s'imagi-
nant que le pays tout entier allait suivre, il ne
s'est plus donné le temps d'accomplir les réformes qu'il avait entreprises : il n'a attendu ni
une solution des affaires de l'Afrique méridionale et de l'Afghanistan, ni un apaisement des
maux de l'Irlande et de la crise économique, ni
l'allégement des charges budgétaires qui en
étaient la conséquence. M. Gladstone avait beau
jeu pour opposer les brillants souvenirs de sa
gestion financière à l'augmentation croissante des
taxes [1] et aux déficits du Cabinet. Ajoutez à cela,
d'une part, l'union et la discipline inébran-
lables de toutes les fractions du parti libéral ; de
l'autre, l'infériorité des tories au point de vue
oratoire : car leurs principaux représentants,
confinés dans la haute Chambre, tels que le
marquis de Salisbury, lord Cairns, lord Cran-
brook, et lord Beaconsfield tout le premier, ne
pouvaient prendre part à la lutte, tandis que
les whigs avaient pour champions les Childers,
les Goschen, les Forster, les Lowe, les Bright, et,
en tête, celui que M. Disraeli lui-même a pro-
clamé le plus grand orateur de l'Angleterre, et

1. Notamment sur le tabac.

qui n'avait jamais déployé plus de verve, de talent et de puissance.

Ce sont là sans doute des causes très réelles de la défaite des conservateurs, causes secondaires pourtant, contingentes et accidentelles. En effet, si l'on étudie l'histoire de l'Angleterre contemporaine, on voit qu'il ne s'agit pas seulement ici d'un coup de fortune électorale, mais de la suite naturelle, logique, d'événements qui se sont déroulés chez nos voisins depuis un demi-siècle. Qui ne sent qu'à travers les fluctuations des hommes et des choses, la mêlée des partis, le va-et-vient des doctrines, des passions, des intérêts les plus contraires, un grand mouvement d'idées entraîne l'Angleterre, comme toute l'Europe, vers de nouvelles destinées ? Qu'on l'approuve ou qu'on le déplore, qu'on le favorise ou qu'on essaye de l'enrayer, il se poursuit partout, en Russie et en Allemagne comme en Angleterre et en France, avec des chances diverses et des reculs passagers, mais avec une invincible force; et, tandis qu'il cause des secousses violentes dans les pays de compression et de régime autoritaire, il se continue avec une régularité pacifique dans les pays de liberté et de régime représentatif.

Telle est l'Angleterre : grâce à ses institutions

éprouvées et à son génie politique, elle opère
successivement, sans trouble, les réformes deve-
nues nécessaires : elle consacre les conquêtes de
l'opinion par ses lois, qui sont ainsi d'accord
avec les mœurs ; enfin elle procède par transitions, elle avance par étapes : et c'est précisément
une de ces étapes nouvelles, marquées longtemps
à l'avance, qu'elle pourra franchir demain, grâce
au résultat des élections récentes.

Un des principaux actes du nouveau ministère
sera probablement la réforme électorale dans les
comtés, que M. Gladstone paraît destiné à accomplir [1], comme il a déjà accompli la réforme de
1867, qui découlait elle-même de celle de 1832.

1. En effet, M. Gladstone déposa en mars 1884 son projet
de réforme électorale, tendant à créer deux millions d'électeurs nouveaux (quatre fois plus qu'en 1832), et à assimiler
les campagnes aux villes. Voté à 130 voix de majorité par les
Communes, le bill fut repoussé, au mois de juillet suivant,
à 59 voix de majorité, par les lords. Mais ceux-ci, en présence de la crise qui suivit leur vote, et qui exposa l'Angleterre à une guerre civile, se sentant, d'ailleurs, menacés
dans leur existence, furent contraints de transiger ; et les
élections de novembre-décembre 1885 furent faites selon la
nouvelle loi. C'est presque le suffrage universel. Une réforme
de la Chambre des lords s'ensuivra nécessairement tôt ou tard.
—M. Gladstone, tombé du pouvoir le 9 juin 1885, puis redevenu premier ministre en février 1886, tomba de nouveau le
8 juin suivant, sur la question irlandaise : la Chambre fut
dissoute le 26, et les élections donnèrent la victoire aux
tories, qui sont encore aux affaires.

Il a donné en novembre 1877 dans le *Nineteenth Century*, en réponse à un article de M. Lowe inséré dans le *Fortnightly Review*, une longue étude sur cette question qui va passionner de nouveau le Parlement et l'opinion. Elle se trouve dans le recueil des articles que le grand orateur a écrits depuis plus de trente ans sur les sujets les plus divers et qu'il vient de publier sous le titre de *Glanes des années passées (Gleanings of past years)*. Le premier volume, intitulé *Questions constitutionnelles*, et où l'affaire du droit de suffrage tient une grande place, vient d'être traduit avec une précision élégante par M. Albert Gigot, qui l'a fait précéder d'une remarquable introduction.

II

On sait que la législation électorale chez nos
voisins a passé par trois phases différentes. Jusqu'en 1832, le droit de suffrage, imparti d'après
des règles arbitraires, était le privilège fort res-
treint d'une sorte de féodalité de propriétaires
dans les comtés, de bourgeois dans les cités et
dans les bourgs; c'était le règne de la confusion
et de l'injustice. L'acte de 1832 vint corriger les
anomalies de cette organisation surannée en appelant toute la classe moyenne au scrutin. En
1867, les catégories d'électeurs créées en 1832
furent considérablement étendues, et les classes
laborieuses commencèrent à leur tour de participer aux affaires publiques.

Dix ans après, M. Gladstone écrit dans le *Nineteenth Century* :

« En 1867, nous avons décidé que les chefs de maison dans les villes s'étaient montrés assez attachés à nos institutions, assez sages et raisonnables, assez au courant des choses politiques, pour mériter d'exercer le droit de suffrage. Aujourd'hui, la question est de savoir si la même mesure ne doit pas, pour les mêmes motifs, être étendue aux chefs de maison dans les comtés. Il n'en est aucun qui, s'il vivait dans une ville et s'il y occupait la moindre masure, n'y exerçât pas le droit que nous réclamons pour lui. A première vue, ils ont un titre à faire valoir au moins depuis l'acte de 1867. Pour écarter ce titre, il faut avoir une objection à lui opposer. »

Et alors, dans une discussion serrée, pleine, savante, avec cette dialectique ingénieuse qui est une de ses qualités maîtresses, il prend tous les arguments de son adversaire et les renverse l'un après l'autre : la législation actuelle est arbitraire; la distinction entre les villes et les comtés n'existe même plus en fait ; les réformes de 1832 et 1867, loin d'amener les catastrophes qu'on avait prédites, ont, au contraire, fortifié le pouvoir en lui donnant une base plus large. Puis, brisant les bornes étroites de la question actuelle, il s'élève

aux principes de la science politique et du droit,
et, avec plus de hardiesse encore que dans son
fameux discours de 1864 sous le ministère Russell, il attaque de fond le redoutable problème
du suffrage universel.

« Cela viendra tout doucement, à son temps,
avait dit M. Lowe avec effroi, mais pas encore
tout de suite[1]. »

Et M. Gladstone, qui, sur ce point, partage
l'avis, mais non la crainte de son contradicteur :
« Regardons le monstre d'un peu plus près,
dit-il, et tâchons d'analyser ses traits : » et il
développe les raisons nombreuses pour lesquelles
« il est bon que tout homme ait la puissance
que confère le droit de vote ». Par les impôts
qu'il paye, par ses dépenses, par son travail, par
sa famille, le citoyen contribue à la richesse du
pays et à la sécurité de la société : il est donc
juste, il est utile, pour la nation comme pour
lui-même, qu'il participe aux affaires publiques.

N'est-ce pas d'après ce principe que, dès les
temps les plus reculés, a été constitué le gouvernement local et paroissial de l'Angleterre ? On ne
conçoit pas pourquoi l'on n'étendrait pas ce système au gouvernement général du pays avec des

1. *Fortnigthly Review*, octobre 1876.

horizons plus larges. L'extension du droit électoral augmente la somme totale des forces utilisées dans l'intérêt de la nation et mises à la disposition de l'État. Tout homme doit participer à la formation des lois sous lesquelles il est appelé à vivre.

Mais, dit-on, si la valeur numérique des votes est égale, la valeur des hommes qui donnent ces votes ne l'est point : « Le droit de gouverner, disait Burke, réside dans la sagesse et la vertu. » Et M. Lowe ajoute : « Tandis que vous rêvez l'égalité, vous créez la plus grossière inégalité en plaçant la minorité, qui comprend les hommes riches et instruits, à la merci de ceux qui vivent de leur travail quotidien. » — Et comment ferez-vous le départ de la capacité intellectuelle des électeurs ? Si l'objection tirée de la prépondérance du nombre dans la plus basse des classes admises au droit électoral a quelque valeur, elle condamne le principe même du régime représentatif et aboutit logiquement, de sélection en sélection, au gouvernement absolu. D'autre part, quoique chaque citoyen, à prendre les choses au pied de la lettre, ne dispose que d'un seul suffrage, en réalité il dispose d'autant de suffrages qu'il entraîne d'hommes dans sa mouvance intellectuelle et dans son orbite politique.

Cette discussion, on le voit, n'est pas moins utile pour nous autres Français que pour nos voisins d'outre-Manche; car la plupart des arguments de M. Gladstone répondent en même temps aux détracteurs de notre législation électorale.

Enfin, il développe cette pensée, qu'il ne faut pas attendre qu'une situation devienne intolérable pour y porter remède, et il ajoute spirituellement, au sujet des réformes que l'opinion demande, et de celles qu'elle n'exige pas encore : « Quand la voix de ceux qui réclament est calme et basse, on ne l'entend point ; quand elle est ferme et haute, on répond que nous ne devons pas céder à l'intimidation. » C'est précisément l'honneur de cet homme d'État, comme c'est la force de son pays, d'avoir su entendre même la voix basse et y répondre, ménager les transitions, prévenir les catastrophes par des réformes opportunes, endiguer le flot qui monte. L'Angleterre se rapproche peu à peu du suffrage uniforme et universel. Avant de savoir si c'est un bien ou un mal, le véritable esprit politique, la sagesse consistent à se demander si on peut l'éviter ; et, du moment qu'on ne le peut pas, à tâcher d'y arriver graduellement, sans secousse et sans violence. C'est toute la différence qui sépare la méthode évolutionniste du système révolutionnaire.

19.

La France a trop longtemps suivi le second,
plus peut-être par la faute des gouvernants que
par celle des gouvernés. Tandis que, chez nos voisins, on voyait la royauté gouverner avec le pays,
l'aristocratie se renouveler elle-même et faire
d'utiles concessions à la bourgeoisie, qui, de son
côté, en faisait au peuple ; chez nous, au contraire, on a vu depuis un siècle tous les souverains mettre leur ambition à gouverner contre
leurs sujets ; on a vu les grands se séparer de la
nation avec éclat et perdre toute autorité, toute
influence, tout prestige ; on voit aujourd'hui
encore une fraction considérable de la bourgeoisie
qui prétend recommencer le rôle de la noblesse.
C'est ainsi que les « classes dirigeantes » ne
dirigent plus rien, pour n'avoir pas voulu partager à temps leur influence, et qu'en se faisant
évincer des affaires par leurs propres fautes, elles
ôtent un contre-poids utile à l'équilibre du gouvernement : de sorte que, depuis cent ans, la
France a été ballottée de révolution en révolution, d'anarchie en dictature, au lieu qu'en Angleterre les gouvernements gouvernaient et les
classes dirigeantes dirigeaient, enfin toutes les
forces sociales tendaient ensemble au même but,
conservant toujours l'ordre dans le progrès.

III

Quand nous parlons ainsi de l'Angleterre, on ne manque pas de nous objecter les différences profondes qui séparent les deux peuples. Sans doute, ces différences sont essentielles : par exemple, la passion de l'égalité s'est développée chez nous autrement vite que celle de la liberté, tandis que les Anglais sont « inégalitaires ». M. Gladstone revient souvent sur cet « amour de l'inégalité », qui distingue ses compatriotes. Certes, on ne trouverait pas en France de faits analogues à ceux-ci : les ouvriers, en 1832, luttant pour une réforme qui non seulement ne conférait pas à leur classe en général le droit de vote, mais qui supprimait le système électoral populaire

existant alors à Preston, Newarck et dans beaucoup d'autres lieux : les artisans et les paysans des
comtés accueillant avec joie la loi de 1867 qui
leur refusait ce qu'elle accordait aux artisans et
aux paysans des bourgs. Oui. ces contrastes entre
le caractère anglais et le caractère français sau-
tent aux yeux. Mais, aussi, quelle différence dans
la manière dont les deux nations ont été gouvernées depuis un siècle ! Pour ne parler que de
l'exercice du droit de suffrage, n'est-il pas évident
que, si Louis-Philippe et M. Guizot (ce n'étaient
pourtant ni le moins sage des rois ni le moins
éclairé des ministres) ne s'étaient pas obstinément
refusés à concéder cette réforme si modeste. si
légitime de « l'adjonction des capacités », la
France ne serait pas tombée dans une révolution
soudaine, imprévue le matin de ceux mêmes qui
devaient en profiter le soir ; l'arme formidable
du suffrage universel, jetée brusquement dans les
mains de foules inexpérimentées, n'eût pas effrayé
une grande partie de la nation ; nous n'eussions
subi ni les hontes de l'empire ni les douleurs de
l'invasion. Voilà comment le refus des réformes
les plus simples peut amener d'incalculables
malheurs.

L'Angleterre, elle, a étendu peu à peu le cercle
des électeurs, suivant les besoins des temps et les

aspirations du pays, et M. Gladstone a été le
promoteur principal de la réforme. C'est là peut-
être. là et dans l'affaire de l'Église d'Irlande.
qu'il a le mieux montré cette qualité supérieure
de l'homme d'État qui consiste à résoudre les
questions avant qu'elles s'enveniment. et à marcher avec l'opinion. au lieu de se laisser devan-
cer par elle.

Lorsque cette grande réforme de 1867, qui
créait 1.119,000 électeurs nouveaux, dont plus
de 800.000 dans les bourgs. fut votée par le
Parlement. il y avait seize ans qu'elle était
agitée. Depuis le jour où M. Locke King l'avait
mise sur le tapis en 1851. chacun des Cabinets
en avait parlé tour à tour, et la Chambre des
communes l'avait enterrée systématiquement à
chaque session avec les honneurs qui lui étaient
dus. Six discours de la Couronne, cinq propositions ministérielles , n'avaient pas fait faire un
pas à la question , qui revenait tous les ans et
n'aboutissait jamais. C'est grâce à M. Gladstone
qu'elle devait être enfin résolue : le 15 mars 1864,
étant chancelier de l'Échiquier, il prononça ce
discours célèbre et hardi où se trouvaient déjà
exprimées avec éloquence quelques-unes des
idées que nous retrouvons aujourd'hui dans
l'article du *Nineteenth Century.* « Je ne crains

pas d'affirmer, s'écriait-il, que tout homme qui
n'est pas présumé incapable pour cause de danger
social ou d'indignité personnelle a moralement
le droit de coopérer au jeu de la Constitution. »
Cependant le bill fut repoussé à dix voix de majorité par la défection des *adullamites*, M. Lowe
en tête, et le ministère Russell donna sa démission. Mais, comme l'a dit M. Challemel-Lacour
dans la remarquable étude qu'il a consacrée à
M. Gladstone, « la victoire ne tarda point à porter des fruits amers pour les vainqueurs...
M. Disraeli dut subir l'honneur inattendu de
réaliser la réforme... Conservateurs et adullamites se résignèrent, avec quel dépit, on le
devine, à la gloire cruelle de voter ce bill, le
plus large qu'on eût encore proposé après le plan
radical ébauché par M. Bright en 1858. On peut
dire que M. Gladstone avait, en se retirant,
légué cette nécessité comme une vengeance à ses
successeurs [1]. »

C'est ainsi qu'en Angleterre les luttes légales
qu'il faut soutenir pour conquérir les réformes
font l'éducation de ceux qui doivent en profiter
et les préparent à en jouir. C'est ainsi, d'autre
part, que les conservateurs anglais, au lieu de

---

1. *Revue des Deux Mondes*, 30 juin 1870.

revenir en arrière et de détruire ce qui est acquis. terminent et couronnent les institutions auxquelles ont travaillé leurs adversaires. « Toute l'histoire d'Angleterre depuis plus de cent cinquante ans nous offre un spectacle analogue : la barrière entre les conservateurs et les libéraux existe toujours : seulement cette barrière se déplace perpétuellement. Les conservateurs. après chaque nouvelle réforme. prennent la position que leurs adversaires occupaient la veille, et ceux-ci à leur tour vont prendre position un peu plus loin. Aucun des deux partis, par conséquent. ne reste complètement immobile. Chacun des deux se porte constamment en avant. l'un plus vite, l'autre plus lentement; l'un conduisant le mouvement. l'autre y résistant d'ordinaire. mais sachant y céder à propos. Plus d'une grande réforme préparée par les libéraux a été accomplie par les conservateurs. Aucune grande réforme accomplie par les libéraux n'a été abrogée par les conservateurs triomphants. En Angleterre, réforme faite, réforme acceptée[1]. »

1. *Une page de l'histoire d'Angleterre*, ch. III, par M. Édouard Hervé.

IV

Le même phénomène se reproduit en ce moment pour la réforme électorale des comtés. En 1874, tous les libéraux ne partageaient pas les idées de M. Gladstone sur ce point, et le marquis de Hartington lui-même refusait de s'engager, alléguant que la question n'était pas mûre; or, l'année dernière, il votait pour la proposition Trevelyan, qui posait le principe de l'uniformité des droits électoraux. A présent, le succès de la réforme est assuré, et elle en amènera nécessairement une quatrième : la suppression des petits bourgs, de ces petits bourgs que M. Gladstone a défendus jadis, un peu par reconnaissance; car c'est à un bourg qu'il a dû d'entrer à la Chambre

des Communes à vingt-trois ans, comme le premier Pitt à vingt-six, comme Fox à vingt, comme
Canning à vingt-deux, comme le second Pitt et
Robert Peel à vingt et un : heureuse et sage
Angleterre, qui, au lieu de laisser les jeunes
talents, les ambitions généreuses languir en des
efforts obscurs, les jette tout vifs dans la four-
naise et se forge des hommes pour le pouvoir !

Ainsi, M. Gladstone sera amené, par la logique
des événements, à changer d'avis sur la question
des petits bourgs comme il a dû changer d'avis
sur la question de l'Église d'Irlande, et le discours qu'il prononcera peut-être un jour pour
les faire supprimer sera à son discours de 1859 ce
que le *Chapitre d'autobiographie* est à son premier
ouvrage : *Des Rapports de l'Église et de l'État.*

On voit combien il est intéressant de suivre
ce grand mouvement qui tend à constituer l'État
britannique sur de plus larges assises ; on voit
aussi quelle place il a tenue dans les élections
récentes, qui ont élevé de 250 à 350 les voix
des libéraux et ramené M. Gladstone au pouvoir. Les réformes qui en résulteront effrayent,
comme les précédentes, bien des esprits, et des
plus éminents. Mais qui donc se flatterait aujour-
d'hui de les pouvoir empêcher ? La réforme
future n'est-elle pas la conséquence inévitable

de celles de 1832 et de 1867? D'ailleurs, ces extensions du droit de suffrage ont-elles donc donné de si mauvais résultats? Aux heures les plus difficiles, dans les crises industrielles les plus terribles et jusque dans la famine, les masses ouvrières ne sont-elles pas restées fidèles à l'ordre et aux lois?

De si grands changements ne s'accompliront pas sans déterminer une évolution considérable dans l'histoire de l'Angleterre. Les positions respectives des partis vont se modifier ; l'axe de la politique se déplacera : ne se déplace-t-il pas déjà? La réforme aura pour premier effet d'augmenter les forces de ce parti radical qui reconnaît encore M. Gladstone pour chef, mais qui va bien au delà[1], ce parti qui est déjà aux affaires dans la personne de sir Charles Dilke, et dont l'action a été si grande dans les dernières élections, puisque c'est un de ses membres, M. Chamberlain, qui, en important dans plus de soixante collèges la discipline des comités américains (caucus system), a puissamment contribué à la défaite des tories.

D'autre part, lord Beaconsfield a plus de soixante-quinze ans, et il n'est pas probable

---

1. L'Irlande n'y est pour rien ; là, les proportions sont restées les mêmes.

qu'il revienne jamais aux affaires. Lorsque le
grand orateur tory aura disparu. aucun de ses
lieutenants ne sera de taille à le remplacer : un
excellent état-major l'entoure: mais lui seul peut
commander. A quelque opinion qu'on appar-
tienne. on est obligé de convenir que la force. la
sève. l'abondance des talents politiques et ora-
toires, l'avenir enfin. sont du côté des libéraux.

Le parti libéral lui-même ne restera pas longtemps organisé comme aujourd'hui. Il y a de
profondes divergences d'opinion entre les groupes
et les hommes qui le composent. et l'on peut
prévoir le moment où. les tories n'ayant plus
de chef, les radicaux s'emparant des masses populaires et même du pouvoir. les modérés des
whigs s'uniront aux premiers contre les seconds[1].
Il se passera alors en Angleterre à peu près ce
qui se passe aujourd'hui chez nous. avec la différence des milieux et des situations : les anciens
partis disparaissent peu à peu. rejetés des assemblées délibérantes et exclus des affaires par le
suffrage universel, et il se forme nécessairement
dans le parti constitutionnel une droite, un contre-
poids, un parti tory de la République. Il en sera
de même chez nos voisins : les tories actuels s'ef-
faceront peu à peu et feront place aux whigs.

1. C'est, en effet, ce qui est arrivé.

tandis que les whigs actuels seront remplacés
par les radicaux.

Cette évolution alarme les timides. Sans doute,
ces grands courants d'idées heurtent bien des
souvenirs, des fidélités respectables ; ils arrachent
des cris à ceux qui n'ont ni la sagesse ni la
générosité de partager avec d'autres le pouvoir
qu'ils ont seuls possédé jusqu'alors et qui leur
échappe ; sans doute, il y a là bien des erreurs,
des chimères, des théories aventurées et périlleuses ; mais, enfin, où est le devoir des hommes
qui ont, à un degré quelconque, la responsabilité que donnent l'influence et les lumières ? La
réponse n'est point douteuse : toute résistance
systématique sera brisée ; dans les affaires
humaines comme dans la nature, tout ce qui ne
se renouvelle pas est destiné à périr. Est-ce à dire
qu'il faille obéir aveuglément, se laisser emporter
à tous les remous de l'opinion ? Non, certes !
l'exploitation des passions populaires n'est pas la
moins basse des servilités : mais guider, éclairer,
contenir le peuple, démêler à ses yeux le vrai du
faux, ce qui est possible et pratique de ce qui
ne l'est pas, voilà la noble mission de ceux que
la naissance, la fortune ou le talent placent à la
tête des sociétés. C'est là ce que M. Gladstone a
admirablement compris, et ce qui assure sa gloire.

V

Outre l'étude sur la réforme électorale, le volume traduit par M. Albert Gigot en contient plusieurs autres, d'un intérêt moins direct, mais non moins vif, sur le prince Albert [1] et sur la Constitution anglaise comparée à la Constitution américaine [2].

De tous les éloges que l'auteur décerne au prince époux, il n'en est pas de plus grands que

[1]. Discours prononcé à Manchester le 23 avril 1862 devant l'Association des Mechanic's Institutes des comtés de Lancastre et de Chester. (Articles de la *Contemporary Review*, juin 1875, et de la *Church of England Quarterly Review*, janvier 1877).

[2]. *Nos cousins de l'autre côté de l'Océan*, publié en septembre 1878 dans le *North American Review*.

ceux qui s'adressent à sa correction constitutionnelle. Si l'époux de la reine se hasarde un jour à
dire qu'il est le « ministre » de Sa Majesté,
M. Gladstone le reprend aussitôt, et fait observer
gravement que c'est là un titre dont il n'a pas le
droit de se servir. De même, il l'approuve dans
son refus de commander les armées, dont le duc
de Wellington l'avait pressé d'accepter la direction. « Il faut absolument désirer le maintien
permanent d'une étroite union de sentiments
entre le souverain et l'armée; mais l'armée est,
après tout, un des grands départements de l'État,
et, dans ce pays, les grands départements de
l'État ne peuvent avoir à leur tête que des personnes responsables devant le Parlement. »

Ces articles étaient une réplique à certaines
théories périlleuses sur l'autorité royale émises
par le conseiller intime du prince, le baron
de Stockmar, dans ses Mémoires confidentiels,
et accusées plus nettement encore dans une étude
anonyme de la *Quarterly Review*, intitulée *la
Couronne et la Constitution*, théories qui ne
tendaient à rien de moins qu'à revenir au règne
de George III et à rétablir en Angleterre le pouvoir
personnel. M. Gladstone s'y attaquait d'autant
plus volontiers, que M. Disraeli, alors ministre
dirigeant, s'en était fait d'abord le brillant or-

gane dans ses romans, premières ébauches de sa
carrière politique. C'était en effet principalement
dans *Coningsby*, dans *Sibyl*, que l'écrivain de la
Quarterly Review avait puisé ces étranges doctrines qui étaient la négation du régime parlementaire; c'est là qu'on trouve la satire de la
« Constitution vénitienne », c'est-à-dire du
gouvernement anglais tel qu'il est sorti de la
révolution de 1688, tel que l'a constamment
compris et pratiqué l'école libérale; c'est là
enfin qu'on lit des passages comme celui-ci :
« La Chambre des Communes est la représenta-
tion du petit nombre ; le souverain est le souverain de tous ; le vrai *leader* du peuple est l'in-
dividu placé sur le trône [1]. » Ce sont ces idées
que les libéraux combattaient sous le nom d'*im-
perialism*, dont ils accusaient le Cabinet Beaconsfield de s'inspirer, et que M. Gladstone réfute en exposant avec autant de fermeté que de
précision la vraie doctrine constitutionnelle sur
la prérogative royale et la responsabilité minis-
térielle.

Le parallèle entre la Constitution anglaise et
la Constitution américaine est, quoique fort
court, curieux à rapprocher des œuvres de

1. *Coningsby*, VII, 2.

M. Bagehot et de sir Erskine May sur la Constitution anglaise, de MM. de Beaumont, Labou-
laye et de Tocqueville sur l'Amérique ; — de
Tocqueville, que M. Gladstone appelle « le Burke
de son siècle », et dont le livre sur l'Amérique
« peut être considéré comme un des meilleurs ouvrages de science politique qui aient paru dans
quelque temps et dans quelque pays que ce
soit ». Il compare les progrès rapides de la richesse et de la force américaines à ceux, beaucoup plus lents, de l'Angleterre, et il prévoit la
suprématie prochaine des États-Unis :

O matre forti filia fortior!

Il montre d'abord les traits communs aux deux
Constitutions : les deux nations veulent le *self-
government* : toutes deux ont des gouvernements
de persuasion, d'opinion ; « elles se défient de
la centralisation du pouvoir et la repoussent ;
elles aiment les libertés municipales, locales et
même paroissiales, non seulement comme l'école
à laquelle se forment çà et là des hommes capables, mais comme l'école des vertus publiques
et de l'esprit d'indépendance » ; enfin « elles
regardent la publicité comme l'atmosphère naturelle de la vie politique ; elles estiment qu'elle
peut seule, par la libre circulation, mettre en

commun toutes les opinions pour le bien général et tenir dans un équilibre habituel et pacifique les droits et les prétentions de chacun. »

Après les ressemblances, il fait voir les différences du droit public dans les deux pays. L'inégalité, qui en Angleterre est le fondement du
droit de propriété résulte, aux États-Unis, non
d'un principe juridique préétabli, mais des conditions du travail et du développement des ri-
chesses : l'idée des priviléges héréditaires était
absolument étrangère aux colons américains, qui
représentaient tout ce qu'il y avait de plus démocratique dans la politique de l'Angleterre,
tout ce qu'il y avait de plus protestant dans sa
religion. « Ce que nous appelons leur révolution
fut, aussi bien que la nôtre, une revendication
de libertés héréditairement possédées : ce fut une
révolution conservatrice. » De là la force et la
durée de la Constitution qui en est sortie, qui
depuis un siècle a résisté à toutes les catastrophes, et, malgré certains phénomènes étonnants
pour nous autres Européens, tel que le trouble
continuel qui résulte de la préparation des élections présidentielles, le « balayage général »
(clean sweep) de toutes les places à chaque avé-
nement du premier magistrat et la corruption
scandaleuse qui en résulte, ont permis à l'Amé-

rique de conserver un commerce florissant et de
réduire sa dette tout en affranchissant quatre à
cinq millions d'esclaves, et de conserver sa liberté,
tout en mettant sur pied une armée formidable.

L'auteur étudie ensuite avec plus de détails le
mécanisme des deux Constitutions. Aux États-
Unis, l'initiative, aussi bien que la décision finale
en matière de finances, appartient à la branche
populaire de la législature, tandis qu'en Angleterre la responsabilité de l'initiative des charges
publiques appartient à la Couronne. Là, le pouvoir exécutif est indépendant pour quatre ans
du Congrès et du peuple ; ici, le ministère dépend toujours du Parlement, de la Chambre
des Communes par le budget, et du peuple
par la presse, les pétitions, les meetings, les
élections partielles. En Amérique, — c'est là la
différence la plus saisissante, — il n'y a que
trois pouvoirs, et c'est le Président qui est
directement responsable ; en Angleterre, c'est
un quatrième pouvoir qui lie entre eux les
trois autres : le Cabinet, que M. Gladstone
appelle le *clearing house des forces politiques*.
« C'est peut-être, dit-il, la plus curieuse création
du monde politique dans les temps modernes,
non par sa grandeur, mais par sa délicatesse,
son élasticité et la diversité infinie de sa puis-

sance. C'est le complément de tout notre système politique. » Il suit les développements successifs du Cabinet. dont on peut discerner les premiers rudiments dès le règne de Charles Ier. et qui a mis plus de deux siècles pour arriver au point de développement parfait qu'il a atteint aujourd'hui. Enfin il examine théoriquement quel doit être le rôle du Premier, et ce n'est pas un des moindres intérêts de ce livre que de voir les idées de M. Gladstone sur la haute charge qu'il vient de reprendre et sur les devoirs qu'elle impose, suivant lui, à ceux qui ont l'honneur de l'occuper.

VI

Pour conclure d'une manière générale sur cet homme d'État, bien des restrictions, bien des réserves peuvent être faites sur son rôle politique; de sérieuses critiques lui ont été adressées : et comment aurait-il pu en être autrement dans une vie si remplie, dans une carrière si variée, avec tant d'évolutions, tant de changements successifs, qu'on a appelés de la versatilité, mais qui n'ont été, après tout, que le mouvement d'un esprit toujours en marche, le noble tourment des âmes bien nées, comme Fox, comme Canning, comme Robert Peel, devenus plus libéraux en vieillissant, et agités sans cesse par l'ardente recherche de la vérité et l'amour du progrès ?

Sa politique étrangère surtout a été l'objet de redoutables attaques, et c'est peut-être là, en effet, qu'il est le plus vulnérable : il faut se défier, en matière diplomatique, des hommes imbus des doctrines de Manchester ! On lui a reproché, avec raison, d'avoir, par son abstention en 1870, permis à la Russie de dénoncer le traité de Paris[1]. Aujourd'hui encore, on observe qu'il lui serait impossible (et les derniers incidents diplomatiques avec le Cabinet autrichien semblent l'avoir déjà prouvé) d'appliquer au pouvoir les idées qu'il a développées dans l'opposition ; on remarque que le langage de son parti au sujet de la question d'Orient a singulièrement varié avant et pendant la période électorale ; on a relevé les divergences d'opinion qui séparent les radicaux des libéraux ; on a opposé aux discours de M. Gladstone et de M. Bright ceux de lord Granville et du marquis de Hartington ; on a comparé le langage que M. Gladstone avait tenu pendant la session de 1879, alors qu'il condamnait absolument la politique du Cabinet Beaconsfield aussi bien dans ses moyens que dans ses résultats, avec les discours prononcés par la plupart des libéraux pendant la période électo-

1. Je dis : *avec raison,* au point de vue anglais, et sans aucune préoccupation française.

rale et où ils se rapprochaient singulièrement des
vues du ministère en reconnaissant qu'ils étaient
d'accord avec lui « sinon sur les moyens, du
moins sur le but à atteindre [1] »; enfin, on a dit
que le nouveau ministère libéral ne pourrait pas
s'éloigner sensiblement de la ligne générale suivie par les conservateurs sans favoriser les progrès de la Russie et sans compromettre gravement
les intérêts de l'Angleterre, comme en 1870 [2].

---

1. Voir les discours du marquis de Hartington.

2. Toutes ces critiques, toutes ces prévisions n'étaient que
trop fondées : M. Gladstone suivit en Orient et dans la Méditerranée la ligne de conduite tracée par lord Beaconsfield
(nous en savons quelque chose en ce qui regarde l'Égypte!)
Il fut obligé, par une singulière ironie de la fortune, de pratiquer sur tous les points du globe une politique absolument
contraire à ses engagements, à ses opinions, à ses goûts (un
peu comme Pitt); et, il faut bien le dire, il ne se montra pas
toujours à la hauteur d'une tâche à laquelle il n'était pas
préparé, et à laquelle répugnaient ses inclinations et sa
nature d'esprit. Il mit l'Angleterre à deux doigts de la
guerre avec la Russie (avril 1885), et dut reculer en Afghanistan, comme au Soudan, comme au Transvaal. Voilà ce que
produisent au pouvoir, et dans la pratique des choses, même
entre les mains des hommes les plus expérimentés, les
théories de l'École de Manchester ! — Il faut dire aussi,
d'autre part, que, si M. Gladstone a pris la suite de lord
Beaconsfield, lord Salisbury, à son tour, a pris la suite de
M. Gladstone; il s'en explique, du reste, avec une désin-
volture piquante, au banquet de Mansion-House, le 19 juillet 1885 : « Il serait aussi injuste, dit-il, de juger l'opposition
d'après ses paroles, que de ne pas juger le gouvernement

Mais, d'autre part, il est incontestable que, par les grandes mesures qu'il a provoquées ou accomplies à l'intérieur du royaume dans l'ordre politique, économique et financier, par le rôle qu'il a joué dans la question de l'Église d'Irlande, par cette réforme électorale de 1867 dont il a été le principal auteur, par celle à laquelle il travaille aujourd'hui encore et qu'il réalisera si Dieu lui prête vie, M. Gladstone passera à la postérité comme un homme d'État clairvoyant et avisé. Il ne restera pas seulement devant l'histoire l'un des plus grands écrivains et orateurs et le premier financier de son siècle, auquel tous ses contemporains et ses rivaux eux-mêmes, les Macaulay, les Bunsen, les Manning, les Cornewal Lewis, les Lytton, les Disraeli ont rendu un hommage désintéressé, et dont ses adversaires peuvent dire ce que Robert Peel disait autrefois de lord Palmerston : « Nous le combattons, mais nous sommes fiers de lui; » la posté-

d'après ses actes. » — Cette solidarité, qui unit entre eux tous les Cabinets britanniques, aussi bien dans les entreprises du dehors que dans les affaires intérieures, est la force et l'honneur de nos voisins. Là aussi, nous ferions bien de prendre modèle sur eux. Je ne reproche pas à M. Gladstone d'avoir continué au pouvoir la politique de ses adversaires ; je lui reproche de l'avoir si violemment combattue d'abord, pour l'appliquer ensuite moins bien.

rité reconnaîtra que, s'il s'est montré moins
éminent dans la direction des affaires du dehors,
il a été un des serviteurs les plus éclairés de la
liberté et du progrès dans la patrie. Si l'Angleterre fait l'économie d'une révolution radi-
cale, elle le devra aux réformes successives et
graduées auxquelles il a eu l'honneur d'attacher
son nom.

FIN

TABLE

PARIS. — IMP. CHAIX, RUE BERGÈRE. 20. — 16618-7.

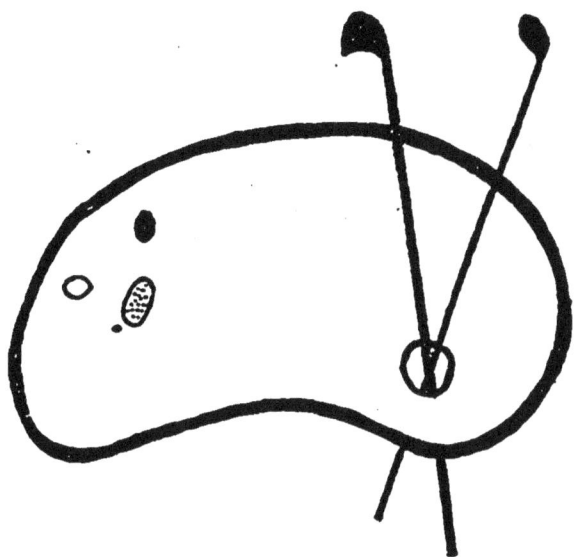

ORIGINAL EN COULEUR
NF Z 43-120-8

www.ingramcontent.com/pod-product-compliance
Lightning Source LLC
Chambersburg PA
CBHW071626270326
41928CB00010B/1795